사랑하지 않으면 아프다

사랑하지 않으면 아프다

Lieblosigkeit macht krank

게랄트 휘터 지음 · 이지윤 옮김

뇌가 사랑 없는 행위를 인식할 때
우리에게 생기는 일들

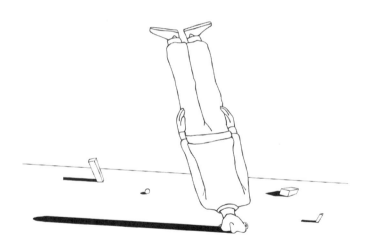

일러두기

*본문의 각주는 옮긴이와 편집자가 달아둔 것입니다.

———

"사랑의 감정이 채워지지 않는 한
우리는 결코 다시 건강하고 행복해질 수 없다."

———

자신을 소중히 다루지 않는 우리에게
지금 필요한 것

먼저 알려드린다. 만일 이 책을 일반적 사랑에 대한 것이라고 여기고 읽는다면 실망할 것이라고. "누군가를 무척 사랑했는데, 그 사랑을 하지 않으니 몸과 마음이 다 아프다. 그러니 제대로 사랑하는 법을 알려주겠다"는 식의 애틋한 사랑 이야기 말이다. 이 책이 말하는 사랑은 그보다 훨씬 넓은 의미다. 그래서 사랑하지 않으면 아픈 이유도 전혀 다르다.

이 책에서 말하는 사랑은 타인에 대한 사랑, 열정을 기반으로 한 사랑을 넘어서 포용과 관대함, 이타성으로 이어지는 감정이다. 궁극적으로는 나 자신을 소중히 여기는 자기애에서 시작하고 있다. 그런 이유로 '사랑 없음'을 우리가 겪는 모든 문제의 원인이라 지목한다.

이 책의 저자인 게랄트 휘터는 뇌과학자다. 그가 생각하는 사람과 세상은 그가 전공한 뇌과학에 기반한다. 읽다 보면 철학을 공부하는 인문학자와 연구실에 처박혀 사는 과학자가 만나 대화를 나누는 것 같다. 처음에는 서걱거리다가 나중에는 "아하!" 하고 서로 맞장구를 치며 "내가 말하는 인간이 이거야"라면서 동감하는 그림을 떠올리게 한다. 읽으면서 내가 받은 느낌이다. 한번 읽어보면 무슨 말인지 바로 이해할 것이다. 결국 이치의 깨달음은 어디에서 시작하건 한곳에서 만나는 법이다.

게랄트 휘터는 인간을 본질적으로 생명체의 작동 원리로 움직이는 존재로 파악한다. 생리학과 뇌의 작동 원리에 의하면 우리 몸은 항상성과 평형 상태를 유지하면서 건강 상태를 지속한다. 그러다 내부 및 외부의 자극으로 그게 깨질 것 같으면 뇌가 신호를 감지하고 재조정하는 과정을 반복한다. 하지만 그 재조정 과정이 제대로 작동하지 않으면 문제가 생긴다. 몸이 아프게 되는 것이다. 그런데 저자의 말에 따르면 "우리가 병드는 건 그 어떤 외부의 발병 인자가 우리를 덮쳤기 때문이 아니라 우리를 병들게 하는 것을 행복하게 만드는 것으로 착각했기 때문"이다.

현대 사회에서 경쟁에서 이기기 위해, 사람들의 인정을

받기 위해, 성공이라는 것을 하기 위해 만든 구상들은 원래 우리가 가지고 있던 애착과 결속을 향한 욕구, 자기 결정과 자주성, 자유를 향한 욕구를 단단히 옥죄고 더 나아가 허기, 갈증, 수면, 휴식과 같은 신체적 욕구까지 막는다. 우리가 만든 구상이 뇌와 몸이 보내는 신호를 무시하게 만드는 것이다. 자연스러운 조정의 타이밍을 무시하니 에너지가 많이 들고 혼란이 늘어난다. 내재된 자가 치유력이 보이지 않는 세포와 기관 사이의 상호작용을 해결하지 못하고 불균형이 점점 커지면서 그대로 굳어버린 상태로 고정되면 결국 병에 걸리고 만다.

저자는 "처음부터 충분치 못한 자가 치유력을 가지고 태어난 것이 아니다. 살면서 약해진 것이다"라고 단언한다. 현대인의 많은 심리적·신체적 문제들이 원래 약하게 태어난 사람이 더 강해지지 못하고 자기 관리를 못해서 생기는 것이 아니라 살면서 약해질 수밖에 없었다고 진단한 것이다. 현대 사회의 마음의 병폐를 뇌과학의 균형이 깨지는 것으로, 그럴 수밖에 없게 몰고 가는 세상의 압박에 맞추어가는 개인으로 설명한다.

약해지는 이유가 약해지려고 했던 게 아니라 나름 현대 사회에 적응해보겠다고 노력하다가 생긴 결과다. 부모와 교사의 기대에 부응하고 인정받기 위해서, 성공이라는 걸 하려고 열심히 살아보겠다고 애쓰다 보니 몸이 보내는 이상 신호를 뇌가 억제하고 무시하도록 시스템의 세팅이 고정되어서 생긴 결과일 뿐이다. 즉 나의 존재와 소중함을 모르고, 사랑하지 않고 막 다뤄서 아프게 된다는 것이다.

이런 문제를 어떻게 해결해야 할까? 저자인 게랄트 휘터는 그의 전공답게 다시 뇌와 몸의 작동 원리를 이해하자고 제안한다. 인간에게는 자가 치유력이 있다고, "우리 인간에게는 필연적으로, 그러니까 자체적으로 이 모든 굴레로부터 자신을 해방시키고 변화로 나아가려는 그 어떤 성질이 있으니 우리는 그저 우리 안에서 그것을 발견하기만 하면 된다"고 말한다. 몸이 보내는 메시지를 중요하게 받아들이고 다시 조화를 이루도록 행동을 바꾸면 몸을 해롭게 하는 행위가 멈출 것이라 조언한다.

많은 사람이 아프고 혼란스러우면 시선을 외부로 돌린다. 명의를 찾고, 신을 찾고, 구원자를 찾는다. 하지만 그럴수록 나를 믿고 나에 대한 민감도를 올려야 한다고 저자는 말한다. 그 시작을 한마디로 정리한 것이 바로 사랑이다. 모든 문제의 원인이 자신을 소중하게 다루지 않는 '사랑 없음'이었다면, 해결책은 바로 나의 존엄성을 되찾고 내 몸이 보내는 신호에 민감하게 귀 기울이고 반응하는 '내면의 나침반'을 믿는 것이다. 그게 사랑의 시작이라는 것이다.

누군가 나를 깊이 사랑해주는 이를 만나면 구원을 얻는 것이 아니다. 먼저 나를 사랑하는 마음을 가지고 소중히 여기며 자가 치유의 길을 걷는 것에서 시작하자. 그래야 많은 현대인이 경험하는 '사랑 없음'과 성공에 대한 목마름으로 인해 발생한 번아웃 및 각종 몸과 마음의 질환에서 벗어날 수 있다. 이 과정이 추구하는 것은 마침내 자기 존엄을 되찾는 것이다.

하지만 너무 어렵게 생각하지 말라고 저자는 말한다. "그저 지금부터라도 자기 자신을 좀 더 사랑하겠다고 마음먹는 것만으로도 충분하다. 그 순간 나는 이미 그 길에 서 있으며 전환은 이미 시작되었다. 스스로에게 좋지 않은 일은 하지 않는 것. 그것이 건강하고 행복한 사람의 비결이다"라고 말한다.

막상 하려면 오랫동안 몸에 밴 삶의 방식과 태도를 바꿔야 하는 것이라 어려울 수 있다. 그렇지만 평소 지치고 아픈데도 그 원인을 알 수 없어 고민이었던 사람이라면 한번 해볼까 하는 마음이 들지 않을까 싶다. 시작이 어렵지도 않다. 그저 내 마음이 보내는 신호에 귀를 기울여보자고 다짐하는 것으로도 충분하다. 많은 이에게 삶의 전환점이 될 계기를 줄 책이 되리라 믿는다.

하지현(건국대학교 의과대학 정신과학교실 교수)

차례

누구나 길을 잃는다

우리 인간은 독특한 존재다. 식물은 물론이고, 인간을 제외한 그 어떤 동물도 건강하게 사는 법을 배우지 않는다. 해바라기와 동자꽃, 메뚜기와 민달팽이, 오소리와 족제비, 그리고 원숭이에 이르기까지 모든 동식물이 가능한 오래 건강을 지키고, 적당한 짝을 찾아 교미하고, 최대한 많은 자손을 퍼뜨리는 데 무엇이 도움이 되고 필요한지를 스스로 안다.

아니, '안다'는 표현은 적절치 않은 듯하다. 그들은 그저 행동할 뿐이고, 그들이 하는 모든 것이 그들에게 유익하다. 변이와 선택을 통해 여러 세대에 걸쳐 최적화된 그들의 유전적 프로그램은 신체적 특징을 형성하고, 신진대사를 조절하고, 뇌를 발달시키고, 그 결과로 각각의 습성이 형성되는 전 과정을 조정한다. 그리고 그 과정은 건강하게 오래 살면서 더 많은, 더 건강한 자손을 얻는 일에 언제나 도움이 된다.

여기에 단점이 하나 있다면, 이미 유전적으로 프로그래밍된 뇌를 바꿀 수 없기에 새로운 것을 배울 수 없다는 것이다. 따라서 그들은 살던 세계가 변하기 시작하면 병이 들고 멸종된다. 하지만 그 잘못을 그들 자신이나 그들 안에 새겨진 유전적 프로그램에 떠넘길 수는 없다. 그건 지금껏 그들이 살아오던 환경을 파괴한 우리 인간의 잘못이다. 그중에서도 가장 병에 잘 걸리는 부류는 인간이 인간의 구상대로 사육하고 개량한 동물들이다. 병에 취약하다는 점에서 이런 동물들이 우리 인간과 가장 비슷하다.

동물과 인간이 한 조상에서 비롯되었을지는 몰라도 현재에 이르는 과정은 전혀 달랐다. 우리 인간에게만 평생 학습할 수 있는 뇌가 있기 때문이다. 뇌의 그런 능력 덕분에 우리는 다른 사람이 가르치는 것을 잘 배울 수 있다. 뿐만 아니다. 매일의 삶 속에서 행하는 자신의 경험에서도 배움을 얻는다.

우리 인간은 자신에게 무엇이 좋은지 스스로 알지 못한다. 살면서 우리에게 유익한 것을 발견해야만 한다. 누구나, 각자가, 하지만 모두가 다 함께.

어디로 가야 할지 혼자서는 알 수 없는 인간은 행복하고 충만하고 건강한 삶을 찾다가 길을 잃어버리기 십상이다. 그리고 불행히도 너무 늦게, 이미 병들고 난 후에야 그 사실을 깨닫는다.

바로 이 지점에서 우리 인간은 동식물과는 크게 다르다. 그들과 달리 우리는 몸에서 보내는 신호와 본능적 감각이 앞장서도록 허락하지 않는다. 대신 우리는 다른 사람을 앞서겠다는, 혹은 스스로를 발전시키겠다는 나름의 구상을 따른다. 우리는 건강을 지키기 위해 해야 하는 것이 아니라, 자신의 구상을 기준으로 옳다고 판단되는 것을 따라 산다. 그렇게 쌓아올린 인생이 우리를 병들게 할지라도 말이다.

우리는 그런 구상에 밀려 멀리까지 왔다. 그 구상을 좇아 어떤 동물도 꿈꾸지 않았을 생활 환경을 만들고 새로운 가능성을 열었다. 우리는 우리가 사는 세상을 각자의 구상에 따라 줄기차게 바꾸었다. 더 빠르게, 더 지속적으로, 더 효율적으로.

그러는 동안 동식물은 알지 못하는 어떤 문제와 엮이게 되었다. 인간을 제외한 다른 생명체들에게 변화는 아주 느리게, 언제나 유익하게, 그리고 아주 가끔씩만 일어난다. 그래서 그들은 할당된 서식지에서 자기를 지키기만 하면 된다. 건강하게 살면서 생식력만 유지하면 된다. 그들은 한번 결정된 생활 환경에 그 어떤 변화도 일으키지 않는다. 그래서 각자의 서식지와 생태적 지위에 가장 잘 적응한 동식물일수록 오래 살아남는다. 가끔 과잉 번식할 때도 있지만 단기적이므로 주변 환경에 큰 영향을 미치지 않는다.

다윈이 '적자생존' 이론을 발표한 이래로 우리에게 그것은 생명의 기본 원칙처럼 알려졌다. '진화 이론'으로 세계적으로 확산된 이 구상은 어마어마한 성공을 거두었다. 무엇이 살아남느냐는 질문에 진화 이론은 가장 강한 것, 가장 잘난 것, 가장 똑똑한 것, 가장 성공적인 것이라는 답을 내놓는다. 그리고 이 대답은 우리의 뇌 깊은 곳에 닻을 내렸다. 하지만 여기엔 심각한 문제가 있다.

'가장 잘 적응한 자가 살아남는다'는 이론은 해바라기나 메뚜기, 오소리나 원숭이처럼 자기가 자기 생활 환경을 변화시킬 수 없는 존재에게만 유효하다. 인간에게는 해당되지 않는다. 우리는 끊임없이 스스로를 변화시켜야만 하고, 우리 자신이 만들어낸 새로운 환경에 적응해야만 한다. 그런데 다윈의 이론은 우리가 삶에서 가능한 한 큰 성공을 거둬야 한다는 구상을 낳았다. 그 때문에 경쟁과 성공, 성과 등 다른 사람보다 '더 잘 적응해야 한다'는 강박이 우리 삶을 주도하게 되었다. 그 결과, 우리는 병들었다.

각자의 행동에 따라 생활 환경이 끊임없이 변하는 세상 속에서 인지력이 있는 인간이 건강하게 살려면 그 스스로도 끊임없이 변화할 준비가 되어 있어야만 한다. 어쩌면 우리에겐 이미 그런 능력이 있을지도 모른다.

하지만 요즘처럼 끝없이 변하는 시대에 그 흐름을 놓치지 않고 줄기차게 발전할 준비가 되어 있는 사람이 과연 얼마나 될까? 인생이 그들 앞에 던져놓은 모든 도전에 응하고, 새로운 도전을 기꺼이 받아들일 용기가 있는 사람이 몇이나 될까? 도전에 응할 엄두도 내지 못하는데 그것을 정복하는 법을, 받아들일 수 있도록 준비하는 법을 무슨 수로 배우겠는가.

끊임없는 발전이란 스스로 만들어낸 조건들에 그저 묵묵히 적응해가는 것이 결코 아니다. 오히려 그 반대다. 기존의 구상들로 얽히고설킨 굴레에서 자신을 해방시키는 일이 발전이다. 그 굴레야말로 우리를 병들게 하는 요인이므로.

내가 이 책에서 소개하고자 하는 핵심 개념이 바로 여기에 있다. 우리가 병드는 건 그 어떤 외부의 발병 인자가 우리를 덮쳤기 때문이 아니다. 우리를 병들게 하는 것을 행복하게 만드는 것으로 착각했기 때문이다.

불행히도 우리는 사랑 없이 자신과 타인을 대하는 법을 어렸을 때부터 배워왔고, 거기에 익숙해졌다. 많은 사람이 더 많은 인정을 받고 더 큰 성공을 거두고 부와 재산을 가득 쌓느라 사랑을 잃었다. 어떤 사람들은 인생의 모든 요소를, 하물며 자기 자신마저도 환경에 맞게 다듬고 통제하는 것이 최우선이라고 생각한다.

남에게 쓰임받기를 바라거나 남으로부터 보호나 보살핌을 받길 원하는 부류의 사람들도 있다. 하지만 자신이 져야 할 책임을 다른 이에게 떠넘기는 것도 사랑은 아니다. 그 대상이 신이든 지배자든 권력자이든 간에.

혹 당신이 삶에서 중요하다고 생각하는 구상이 아직 언급되지 않았다면 얼마든지 이 목록에 집어넣어도 된다. 그것을 따른다고 해서 반드시 건강을 지키고, 혹은 잃어버린 건강을 빨리 회복하는 데 도움이 되는 것은 하나도 없다. 그런 구상 중 대부분은 기껏해야 우리에게 주어진 병든 삶을 몇 년 더 견디게 할 뿐이다.

그렇다, 이것이 내 본심이다!

오늘날 고도로 발달한 선진국에서 점점 더 빈번하게 나타나는 신체와 정신의 만성 질환은 중세의 페스트와 비슷하다. 다만 현대의 만성 질환은 페스트처럼 쥐벼룩이나 그것 등이 옮기는 어떤 병원균 때문에 생기지는 않는다. 그보다는 자신의 기쁨을, 생명력을, 장난기 가득한 유쾌함을 아주 오랫동안, 심하게는 몇 년씩 억누르는 삶의 방식이 너무 많은 사람을 병들게 한다.

누군가의 배우자로, 혹은 욕심 많은 부모의 자녀로 가능한 한 완벽하게 제 역할을 담당하느라 생기는 증상이다. 지금도 학교와 직장에서는 물론이고 우리 삶의 모든 영역에서 중요한 위치와 권력을 둘러싼, 영향력을 발휘하고 정상에 서기 위한 끊임없는 경쟁이 진행 중이다. 이렇게나 많은 사람이 자신을 사랑 없이 대하다 보니 이토록 많은 사람이 병에 걸리게 되었다.

쥐벼룩을 매개로 확산되어 중세 시대 전 지역 주민들을 죽음으로 몰아넣은 무시무시한 전염병 페스트. 하지만 페스트 병원균은 전염병이 발발한 표면적 원인에 불과했다. 당시 도시에 살던 사람들의 처참하리만큼 비위생적인 환경을 고려하면 페스트는 피할 수 없는 결과였다. 사람들은 쥐들이 아무런 방해 없이 널리 번식할 수 있는 이상적 환경을 제공했다.

그 시대 종교 지도자들은 고양이가 악마와 결탁했다고 믿은 나머지 쥐의 천적들을 집단으로 몰살시켰다. 게다가 도시의 주민들은 쥐로부터 자신의 거주지를 보호하는 일에 아무런 관심도 없었다. 그들에겐 붙들어야 할 더 중요한 것들이 있었기 때문이다. 부자는 자기를 행복하게 해줄 것이라면 무엇이나, 빈자는 작은 고향 마을보다는 새로 정착한 중세의 도시에서 더 행복하게 살 수 있겠다는 구상을 붙들었다. 그들 마음 그 어디에도 사랑은 없었다.

자, 이쯤에서 심호흡을 한번 하길 바란다. 이 책에서는 당신이 지금까지 다른 건강서에서 보았던, 그래서 사실인 줄 믿고 지냈던 것과는 전혀 다른 접근법을 제시하려고 한다.

다시 한번 말한다. 우리를 병들게 하는 것은 심리적 부담감이나 육체적 소모 혹은 도처에 떠돌아다니는 수많은 병원균이 아니다. 우리를 병들게 하는 구상을 따라 살기 때문에 병에 걸리는 것이다. 그러니 건강하게 살려면 이러한 구상으로부터 해방되어야 한다. 그러기 위해서는 일단 지금까지 우리가 추구해온 복잡하고 병적인 구상들보다

휠씬 더 중요하고 매력적인 것을 발견하거나 기존의 구상에서 새로운 점을 재발견하는 작업이 선행되어야 한다.

다행히도 우리 인간에게는 필연적으로, 그러니까 자체적으로 이 모든 굴레로부터 자신을 해방시키고 변화로 나아가려는 그 어떤 성질이 있다. 그저 우리 안에서 그것을 발견하기만 하면 된다. 한번 찾은 적이 있는 것을 재발견하거나, 그것이 본연의 성질을 발휘하도록 그저 내버려두기만 해도 된다. 어느 문화권에서든 사람들은 자신이 상상할 수 있는 가장 아름다운 이름을 지어서 그것에 붙였다. 이 책에서 중점적으로 다루고자 하는 것도 그것이다.

바로 사랑이다. 사랑, 러브LOVE, 아모레AMORE, 리베LIEBE⋯⋯.

무언가 대단한 것을 기대했던 당신이 시선을 아래로 떨어뜨리기 전에 서둘러 이 말을 마저 해야겠다. 여기서 말하는 사랑은 많은 사람이 흔히들 머릿속에 떠올리는 그런 사랑과는 큰 관련이 없다. 따라서 나는 이 책에서는 사랑에 대해서 말하지 않을 것이다. 이전에도 사랑에 대한 논의는 많았다. 그렇다고 해서 우리가 사랑이 무엇을 의미하는지에 관한 어떤 합의를 이루었다고 생각지는 않는다.

내가 이 책에서 다루려는 것은 사랑이 아니라 '사랑의

부재'다. 사랑이 무엇을 의미하는지는 각자가 살면서 몸으로 체득해야만 한다. 경험하고 나서야 나와 타인을 사랑으로 대하는 것이 어떤 것인지 알게 된다. 내 관심사는, 그리고 이 책을 통해 내가 전하고자 하는 것은 사랑 그 자체가 아니다. 나를, 그리고 타인과 다른 생명체를 사랑 없이 대할 때 생겨나는 결과들이다.

불과 몇 년 전만 하더라도 이러한 접근법으로 책을 쓰는 것은 불가능했을 것이다. 혹 출판에 성공했다 하더라도 서점에서는 이해하기 어려운 책들을 모아놓은 책장에 꽂힐 게 뻔했다. 하지만 최근 몇 년 사이에 기존 지식에 수많은 과학적·의학적 연구 결과가 더해져서 이 책에서 다루고자 하는 함의, '사랑이 없으면 병든다'는 것이 가설에만 그치지 않고 그 울타리를 벗어날 수 있게 되었다. 사랑이 없을 때 우리는 병든다. 이것은 이제 객관적으로 입증되어 부정할 수 없는 사실이 되었다.

1장

우리를

건강하게 하는 것들

한 문화의 깊은 지식은 그곳 사람들이 자신들이 파악한 현상을 표현하기 위해 찾아낸 단어에서 드러난다. 그런 의미에서 독일어 '사랑 없음'*은 특별한 단어다. 사랑 없음은 사람들을 불행하게 만들고, 관계를 파괴하고, 신뢰를 허물며, 심지어 병까지 들게 한다.

여러 세대 전부터 우리의 조상들은 이러한 현상을 거듭 확인해왔고, 그러던 어느 날 그 모든 것을 아우르는 개념인 '사랑 없음'을 찾아냈다. 흥미롭다. 그런데 만약 이와 반대로 우리의 건강 유지를 돕는 무언가를 표현할 방법을 찾아본 사람이 있다면 더 흥미로운 사실을 발견하게 될 것이다. 바로 사랑 없음과는 정반대의 뜻을 가진 '사랑 충만'이나 '사랑 넘침'과 같은 낱말은 존재하지 않는다는 것을 말

---

*   독일어에는 사랑이 없는 상태를 뜻하는 단어인 '리브로시히카이트(Lieblosigkeit)'가 있다. 원서의 제목에도 쓰인 단어다. 한국어상에는 대치되는 낱말이 없으므로 '사랑 없음'이란 명사구로 번역하였다.

이다. 대체 왜일까?

우리 조상들은 분명 우리를 병들게 하는 것을 느끼고 관찰했듯, 우리를 건강하게 하는 것이 무엇인지도 알았을 것이다. 혹 건강은 저절로 되는 상태라서 애초에 '건강하게 하는 무언가'는 없었던 게 아닐까? 만약 그렇다고 한다면 그것은 '건강'이라고 부르는 상태에 이르기 위해 살아 있는 모든 유기체가 스스로 노력한다는 뜻이 될 것이다.

건강하게 태어나 건강하게 사는 것은 지극히 정상적이고 당연한 일일지도 모른다. 마치 살아 있는 것처럼 말이다. 그래서일까, 우리를 살리는 무언가를 통칭하는 낱말도 존재하지 않는다. 반면 우리의 삶을 서둘러 마감하게 하는 무언가를 가리키는 단어들은 넘쳐난다. 사고, 살인, 패혈증, 장기부전……. 우리는 아사할 수도 있고, 익사할 수도 있으며, 질식사할 수도 있다. 심지어 자살할 수도 있다. 이 모든 것이 불현듯 찾아와 우리를 죽음으로 이끌 수 있다. 그런 다음에는 그 무엇도, 그 누구도 우리를 다시 살릴 수 없다.

자유란 개념 또한 마찬가지다. 우리 모두는 각자의 삶을 스스로 꾸리고자 하는 욕망을 가지고 태어났다. 자유에 대한 동경이 처음부터 우리 안에 있었다는 뜻이다. 그러므로 세상 그 무엇도, 그 누구도 우리를 자유롭게 '만들수' 없다. 우리는 이미 모두 자유로우며 자유롭게 살고자한다.

그러나 우리에게서 자유를 앗아가는 일도 충분히 가능하다. 그 방법은 매우 다양하다. 타인이 나서서 어떤 명령을 내려야만 그렇게 되는 것도 아니다. 스스로를 구속하는 구상들로 자기 머릿속에 감옥을 짓는 사람도 있다. 그렇지만 우리는 근본적으로 인간에게 제공되는 모든 기회를 붙잡아 삶을 발전시킬 능력이 내재되어 있다. 우리 모두는 행복하고 건강하게 살 능력을 가지고 태어난다.

저절로 발생하여 가만히 두어도 알아서 발전하는 일에는 그 일을 '만들' 주체가 필요하지 않다. 우리 조상들은 자기가 관찰한 현상에 알맞은 단어를 찾으면서 이미 그것을 이해했을 것이다. 그들에겐 무언가가 인간을 부자유하게, 불행하게, 그리고 아프게 '만든다'는 사실을 알아차릴 능력이 있었다. 그것을 표현하기 위해 그들이 찾아낸 낱말은 오늘날까지 사용되고 있다.

하지만 그들을 자유롭게, 행복하게, 건강하게 하는 무언가에 대해서는, 그들을 생명에 머물게 하는 무언가에 관해서는 확인된 바도 측량된 바도 없다. 살아 있는 것 안에 항상 존재하는 생명의 기본 속성에 대해서는 개념이 따로 필요하지 않고, 단어로 그것을 표현할 수도 없다.

본성에 부합하는 삶

건강을 지키고 되찾기 위해서 우리가 할 수 있는 일은 본성에 맞게 사는 것이다. 우리는 그저 우리 몸의 모든 세포가 최상으로 작동하기 위해 필요한 대로, 세포가 생명력을 유지하는 데 도움이 되는 대로 음식을 섭취하면 된다. 당연히 우리 몸 전체를 위해서도 건강을 지키는 데 필요한 모든 것을 공급하는 것이 좋다.

많이 움직이는 것은 우리 몸의 본성과 정확히 일치한다. 신선한 공기를 쐬고 깨끗한 물을 마시는 것도 마찬가지다. 우리 뇌의 신경세포를 위해서는 일할 시간도 필요하지만, 휴식하고 회복할 시간도 필요하다. 빡빡한 일과와 부족한 수면 시간은 신경세포가 지닌 본성과 맞지 않다. 머리가 너무 복잡한 것도 마찬가지다.

그동안 우리가 건강하게 사는 데 필요한 거의 모든 것에 대해서 철저한 연구가 진행되어왔다. 어린이들은 유치원이나 학교에서부터 그 내용을 배운다. 실용 서적과 건강 잡지, 라디오와 TV 프로그램, 인터넷에 업로드된 오디오와 비디오 파일 등 각종 매체를 통해서도 그 결과가 전파된다. 많은 사람이 건강을 지키며 살아가지 못하는 것을 두고 정보나 기회 부족 때문이라는 탓을 할 수 있는 시절은 지나갔다. 수많은 다른 분야와 마찬가지로 우리의 문제는 이해가 아니라 실천에 있다.

앞으로 아무리 훌륭한 정보가 더 많이 추가되어도 실천의 문제를 해결하지는 못할 것이다. 인간으로 하여금 그간 고수해온 생활 방식과 행동을 바꾸도록 하는 것은 무엇이 인간 본성에 부합하고, 그래서 건강에 이로운지에 관한 객관적 설명이 아니기 때문이다. 그런 식으로 알게 된 정보는 실감하기 어려우므로 뇌에서 아무런 변화도 일으키지 않는다.

정보는 그것을 습득한 인간에게 모종의 감정을 불러일으킬 때, 즉 뇌의 감정 영역에서 활성화가 되어야만 비로소 체감된다. 그때서야 사람은 자신이 읽은 것 혹은 들은 것이 중요하다는 것을 주관적으로 인식한다. 이제야 그 혹은 그녀는 자신의 건강하지 못한 생활 습관을 자각하고 자기 몸의 본능적 필요와 조화를 이루는 방법에 대해 고민할 마음을 먹는다.

몸이 보내는 메시지

정상적인 상태라면 우리 인간에게는 건강에 해로운 게
무엇인지 확실하게 보여줄 안내 자료 따위가 전혀 필요하
지 않다. 자연 상태의 우리 몸에는 우리가 건강에 이롭지
못한 행동을 할 때, 그리고 그로 인해 몸에서 무언가가 촉
발될 때 그에 해당하는 신호를 생성하여 뇌에 전달하는 능
력이 처음부터 내재되어 있다. 예를 들자면, 우리가 신체
적 욕구를 무시할 때, 잠을 너무 조금 잘 때, 수분과 영양
분을 너무 많이 혹은 너무 적게 섭취할 때, 신체적으로 너
무 힘든 일을 할 때, 한곳에 너무 오래 앉아 있을 때, 산소
공급이 부족할 때 등 자연 상태에서 모름지기 그래야 할
상태를 벗어나면 우리 몸은 그 위험을 알리는 데 적합한
메시지를 뇌로 전달한다.

보통 이 신호는 상당히 강해서 뇌에서 적절한 반응을
일으키고 발생한 오류를 제거하기에 충분하다. 단 몸의 주
인이 그 사건을 인지하는 데 그치지 않고 주의를 기울여

야, 그래서 감정적 영역에서 활성화가 되는 것을 방해하지 말아야 '충분히 강한' 반응이 일어난다. 그제야 주인은 몸이 보낸 메시지를 중요하게 받아들이고, 몸 안에서 모든 것들이 다시금 조화를 이룰 때까지 행동을 바꿀 것이다. 예컨대 자기 몸에 해로운 모종의 행동을 멈출 것이다.

한편 자기 몸에서 보내는 욕구에 관한 메시지를 무시하는 데 상당히 익숙한 사람들도 있다. 당신도 이미 그런 사람을 알고 있을지 모른다.

지금까지 그런 사람들의 삶에는 항상 건강한 몸보다 더 중요한 무언가가 있었다. 그들은 어릴 때의 경험을 통해 자기 몸이 보내는 신호를 감지하는 것보다 자신과 자신의 안녕에 더 중요한 게 있다고 생각하게 되었다. 그것은 바로 부모나 교사 혹은 또래집단처럼 자신에게 심리적으로 중요한 인물의 기대를 채우는 것이다. 이를 위해서라면 자기 몸이 보내는 메시지를 알아챘더라도 무시해왔고, 거기에 익숙해졌다. 이에 알맞게 그들의 뇌에는 신호 감지를 억누르는 신경망이 생성되었다. 따라서 그런 사람들은 시간이 갈수록 몸이 보내는 신호에 점점 둔감해지고 뇌에 전달된 신호 자체를 소홀히 여기게 된다.

소속과 애착, 자율과 자유

우리 인간은 뼛속 깊은 곳까지 사회적 존재다. 때론 인정하고 싶지 않을지라도 우리에게는 외따로 생존할 능력이 없다. 어릴 때는 말할 것도 없고, 이후로도 살면서 우리는 타인에게 의존할 수밖에 없다. 우리가 아는 모든 것, 우리가 할 수 있는 모든 것은 타인에게서 전수받은 것이다. 그들이 없었다면 우리는 읽기나 계산하기는 물론이고 달리거나 말하는 법도 배우지 못했을 것이다. 자전거 타기나 컴퓨터 다루는 법도 마찬가지다.

우리 하나하나는 유일무이한 존재다. 그런데 또한 우리 모두는 제각각 특별하게 변형된 사회적 구조물이다. 그러므로 우리 모두가 애착과 보호, 평가와 인정을 타인에게서 구하려 하는 것은 놀랄 일이 아니다.

타인이 우리를 투명인간 취급을 할 때, 우리를 존중하지 않고 심지어는 거부하거나 소외시킬 때, 우리의 뇌에서는 육체적 고통을 느낄 때와 다름없는 신경망이 활성화된다. 인간에게는 심리적 기본 욕구가 크게 두 가지가 있는데, 그것이 무시되는 상황을 맞닥뜨릴 때면 우리의 뇌에선 매우 고통스러운 감정이 솟구친다. 기본 욕구 중 하나는 소속과 애착을 향한다. 또 다른 하나는 자율과 자유를 향한다. 둘 다 배고픔, 갈증, 혹사를 피하고 휴식을 원하는 우리의 본성만큼이나 강하다.

문제는 심리적 기본 욕구를 채우는 일은 우리 주변의 타인에게 달려 있을 때가 훨씬 많다는 점이다. 우리에게 사랑을 주고 말고는 우리 자신이 아니라 타인에게 달렸다. 우리를 공동체에서 소외시키는 것도 그들이다. 우리를 있는 모습 그대로 받아들이는 것이 아니라, 그들의 기대를 충족시키고 그들의 구상에 알맞게 행동해야만 비로소 받아들여주는 것처럼 구는 것도 그들이다. 그들은 이런 요구를 통해 스스로 결정한 대로 삶을 꾸리고자 하는 우리의 본성, 즉 자율과 자유를 향한 욕구를 짓밟는다.

그러므로 뼛속 깊은 곳까지 사회적 존재인 우리는, 우리의 본성에 걸맞은 방식으로 타인과 공존해야 한다. 그러면 건강을 지킬 수 있다. 혹 건강을 잃어버렸다 하더라도 금세 다시 회복할 수 있다.

길을 잃었다면 다시 제자리로

지구상에서 인간처럼 근본적이고 지속적으로, 그리고 급격하게 생활 공간과 생활 환경을 변화시키는 생명체는 없다. 인간은 스스로가 끊임없이 발전해야 생존이 가능한 유일한 종種이다. 실제로도 우리 인류는 계속 발전하고 있다. 새로운 기술과 생존 전략을 개발할 뿐만 아니라 자신 안의 잠재력도 펼쳐나간다.

각개 전투로는 불가능하다. 타인과 함께할 때에만 성공할 수 있다. 그러므로 우리가 이 행성에서 계속 살아남길 원한다면, 타인과 보다 건설적으로 공존하는 법을 배워야 한다. 대립하는 대신 협력하고, 분리되는 대신 연결되고, 서로를 무례하게 대하는 대신 배려해야 한다.

우리의 두뇌가 유전적 형질에 의해 이미 프로그래밍된 것이 아니라 사는 동안 계속 개조될 수 있다는 것, 즉 우리에게 학습 능력이 있다는 것은 굉장히 놀라운 깨달음이다. 이 발견은 지금까지 우리가 교육기관은 물론이고 정치와 경제 그리고 사회의 다양한 다른 분야에서 변화와 발전을 위한 노력이 실패했을 때 그것의 정당화를 책임졌던 구상 하나하나를 근본적으로 뒤집는다.

하지만 눈여겨보고 고민해야 할 것은, 인간 두뇌의 개조 능력 혹은 학습 능력에 대한 깨달음 그 자체가 아니라 그것을 둘러싼 환경이다. 학습 능력에 관한 새로운 깨달음이 얼마나 느리게 전파되는지, 혹은 사람들이 그것을 받아들이기 주저하는지, 아니면 진지하게 받아들이고 실제 생활에서 실천하는지에 주목해야 한다.

인간의 두뇌가 평생토록 유연한 상태를 유지한다는 발견은 필연적으로 다음과 같은 결론을 낳는다. 우리가 무엇이 될 수 있느냐를 정하는 생물학적 성향 따위는 존재하지 않는다. 삶에서 무엇이 중요한지, 어떻게 행복하고 건강한 삶에 이를 것인지는 스스로 알아내야 한다. 그리고 이 세상 모두가 그것을 찾고 있다.

하지만 대부분의 사람이 그것을 나 자신, 나의 내면이 아니라 타인이나 외부에서 찾는다. 그들은 드러나고 주목받기를 원한다. 그래서 자기 주변 사람들 눈에 자신을 도드라지게 해줄 업적을 최대한 많이 성취하는 방향으로 삶을 꾸려나간다. 즉 영향력, 권력, 부, 그간 중요하다고 배워온 지위, 직급, 신분 상승 등으로 삶을 채우는 것이다.

그렇게 열심히 노력해서 어느 정도 진전된 성과가 있을 때 그들의 뇌에서 활성화된 신경회로 패턴도 그 목적에 맞추어 강화되고 고정된다. 그렇게 그들의 뇌는 점점 자기 위치를 강화하는 대가로 타인을 희생시키는 일에 차츰 유능해진다. 이러한 길을 성공적으로 걸으려면 조기 교육이 중요하다. 타인을 자기 목표와 기대, 지시와 평가, 조치와 명령의 대상으로 삼는 법을 누구보다 일찍, 꾸준히 배울 수 있기 때문이다.

사람은 이렇게 살 수도 있다. 하지만 타인을 그런 식으로 이용하거나 타인이 자신을 이용하도록 허락해서는 안 된다. 그래서는 자기 존엄을 지키고, 남을 배려하고, 지속적인 행복을 누리고, 건강하고 사랑이 넘치는 한 인간으로 성장할 수가 없다.

아주 작은 변화만으로도 우리는 자신은 물론이고 타인도 모두 이롭게 공존할 수 있다. 서로를 자신의 이득을 추구하고, 계획과 기대를 실행 및 평가하고, 어떤 지시를 하고 조치를 취해야 하는 대상으로 보는 대신 하나의 주체로 마주하면 된다.

이를 위해서는 자신이 받을 상처를 각오하고 자율적 인간으로서 자기를 표현할 능력을 갖춰야 한다. 자신만의 다양한 경험을 쌓고, 나만의 근본적 욕망이 있는 유일한 존재로서의 자신을 내보여야 한다. 타인을 볼 때에도 같은 방식으로 관찰하고 이해하려고 노력해야 한다. 우리는 모두 자칫하면 헤매기 쉬운 세상에서 길을 찾으려고 애쓰는 존재들이다. 그렇게 나와 다를 바 없는 자율적인 한 인간으로 타인을 대해야 한다.

인간의 뇌는 평생토록 개조가 가능하다. 따라서 생각과 감정, 행동의 패턴이 일단 굳어졌다 하더라도 그걸 무너뜨리고 얼마든지 다시 자율적이고 자주적인 인간, 즉 진정한 자신으로 되돌아올 수 있다. 그러기에 결코 늦지 않았다.

지금까지 살아온 삶을 바꿀 수는 없다. 과거는 지나갔다. 하지만 누구라도, 언제 어느 때라도 지금부터는 다른 삶을 살겠노라고 마음먹을 수 있다. 보다 의식적으로 자신과 상대를 더 많이 사랑하며 살겠노라. 타고난 본성과 일치하도록 더 많은 호기심을 가지고 더 낙관적으로 살겠노라.

시험 삼아 한번 당신이 투명인간인 양 무심히 지나치는 사람에게 잠깐이라도 미소를 지어보라. 다른 사람에게 무엇을 어떻게 해야만 한다고 잔소리를 늘어놓는 대신, 새로운 경험을 해보라고 용기를 주고 동기를 부여하고 권유해보라. 무엇을 하든 시간을 여유 있게 잡고, 신경 써서 고른 음식을 먹고, 가끔 몸을 움직이는 정도는 큰 힘 들이지 않고 해볼 수 있을 것이다.

그 과정에서 땀을 좀 흘린다 한들 해될 것은 없다. 이런 일에 참여하다 보면 다시금 자신이 자극되는 것을 느낄 수 있다. 그러다 어느 순간 운동과 등산, 자전거 타기, 노래와 춤, 음악에 대한 설렘이 되살아날 것이다. 당신을 건강하게 지켜줄 모든 것에 대한 설렘이.

오늘 당장 시작할 수 있을 만큼 쉬운 일들이다. 일단 이런 식으로 한번 시작하고 나면 삶에 대한 태도가 예전과 달라진다. 덩달아 당신의 삶도 저절로 바뀐다. 삶은 다시 더 즐거워지고, 사랑으로 가득 차며, 존엄해진다. 이런 감정으로 다른 사람을 대하다 보면 이런 삶의 전염력이 얼마나 강한지 체감하게 된다. 그렇게 나 자신의 삶뿐만 아니라 타인과의 공존에도 변화가 시작된다. 그 변화는 모든 것을 이전보다 더 조화롭게 만들고, 당신을 더 행복하고 건강하게 지켜준다.

한 공동체 안에서 같은 길을 걷는 타인들이 모두 함께 이 일을 시작한다면 최고의 성과를 거둘 수 있다. 서로를 하나의 존재로 마주하는 와중에 서로를 감동시키게 되고, 각자의 내면에도 감화가 일어난다. 그럴 때 사람들은 한 인간으로 어떤 존재가 되고자 하며, 자신에게 선물로 주어진 삶을 무엇을 위해 쓰고 싶은지 스스로에게 묻기 시작한다. 자신과 타인 그리고 다양한 생명체를 조심스레 대하는 법을 다시금 배운다.

존엄이라는 내면의 나침반

사람들은 문제와 걱정은 없고 돈은 넘치는 삶을 원한다. 성공과 번영만이 거듭되는데 점점 더 안정되기까지 한다면 금상첨화다. 하지만 이 모든 조건이 충족되어도 그것만으로 행복해지지는 않는다. 우리의 뇌는 현재의 경험이 이전의 경험보다 훨씬 낫다고 확신하는 순간에 행복을 느끼기 때문이다. 만약 지금까지 젖과 꿀이 흐르는 땅에서 태평하게 부른 배를 두드리며 살았다면 행복이 들어오는 문은 작은 틈새도 없이 꽉 닫혀 있는 셈이다.

그러나 모든 조건이 한 치의 오차도 없이 딱딱 맞아떨어지는 그런 이상적인 상태에 도달할 수 있는 사람은 아무도 없다. 적어도 우리가 아직 살아 있는 한은 그렇다. 그런데 우리에게는 소원대로 일이 이뤄지지 않아 겪게 되는 문제와 불쾌한 경험들이 필요하다. 불행에 흠뻑 빠져본 적 있는 사람이라야 가끔 찾아오는 행복을 만끽할 수 있다.

우리의 신체적·심리적 욕구를 계속 충족시키는 데 도움이 되는 길을 자력으로 찾아낼 수 있다면 그보다 더 행복한 일은 없을 것이다. 이런 일에 성공할 때마다 우리의 뇌 중앙부의 보상센터가 작동한다. 그 아래에서 잠자고 있던 신경세포가 특별한 신경 전달 물질을 방출하여 우리의 뇌를 코카인과 헤로인을 동시에 복용한 것과 다름없는 상태에 빠뜨린다. 복잡한 문제를 해결할 묘안이 떠올랐을 때, 도전적인 과제에 제대로 대응했을 때, 기나긴 싸움을 성공적으로 중재했을 때, 실패가 예견된 상황을 돌파하여 끝내는 성공을 거뒀을 때가 바로 그러한 순간이다. 나도 모르게 '아하!' 하게 되는 그 순간, 우리는 행복을 느낀다.

오랜 기간 공을 들인 일이 성공적인 결과로 이어졌을 때, 그 경험을 하는 동안 그 사람의 뇌에서는 아주 특별한 신경 전달 물질이 방출된다. 그러면 거름을 잘 준 밭의 작물들이 잘 자라듯 신경세포의 성장이 촉진되고 신경세포들 간의 새로운 연결도 늘어난다. 행복감을 더 자주 경험할수록 뇌에 '충분한 양분'이 공급된다는 뜻이다. 정확히 말해 그런 뇌일수록 신경 가소성**이 촉진된다. 즉 재생과 자가 치유 능력이 더 잘 발휘된다. 영리하고 창의적인 사람일수록 자기 일에 큰 만족을 느끼는 것도 이 때문이다. "무릇 있는 자는 더욱 받아 풍족하게 되고"라는 성경 구절과도 일맥상통한다.

처음에는 아주 어려워 보이던 일을 오랫동안 노력해 마침내 해결하거나 성공하는 경험을 어렸을 때부터 꾸준히 하며 성장한 사람들이 있다. 이들은 성인이 된 이후에도 비슷한 일을 계속해서 경험한다. 이런 사람들은 성공의 순간에 그저 행복감만 느끼지 않는다. 거듭된 경험은 행복한 사람들만의 특별한 내적 태도를 계발하는 데에도 도움이 된다.

이런 사람들은 진정한 행복과 외형적 성공을 혼동하지 않는다. 자신과 자신이 가진 것에 환호해줄 타인을 필요로 하지 않는다. 자신을 귀하고 소중한 존재로 느끼고, 영향력과 권력, 재산과 신분 상승, 지위와 직급 등에서 행복을 구하지 않는다.

**   Neural plasticity. 외부 환경이나 양상에 영향을 받아 신경계의 기능 및 구조에 변화가 일어나는 현상을 말한다.

이들에겐 사고와 행동의 방향을 이끌어주는 내면의 나침반이 있다. 이들은 그것을 잃어버리지 않도록 각별히 조심한다. 이 나침반을 이들 고유의 존엄성이라고 표현할 수도 있다. 이들은 다른 것이 더 있어야 행복해진다는 사람들의 말을 듣지 않는다. 상업 포스터, 광고, 성공 가이드북, 명품 등 더 나은 삶이 있다는 것을 알려주겠다며 다가오는 행위들을 자신의 존엄을 해치려는 시도로 여긴다. 마치 자신을 혼자서는 생각할 수도 결정할 수도 없는 존재로 대하기 때문이다.

자신을 존엄하게 여기는 사람들은 또한 타인의 존엄을 해치면서 만들어진 상품과 서비스를 용납하지 않는다. 그들은 돈 자랑 하는 곳에 가지 않고, 사창가를 찾지 않으며, 생산 과정에서 타인을 착취하거나 악용한 상품을 구매하지 않는다. 존엄한 사람들은 스스로를 귀하고 중요하게 여긴다. 나의 존엄만 지키는 것이 아니라 타인도 비인격적으로 대하지 않는다. 즉 타인을 자신의 의도를 관철시키거나 평가할 대상이나 도구로 삼지 않는다.

아직은 내면의 나침반을 따라 사는 사람들이 많지 않다. 하지만 점점 늘어날 것이다. 점점 더 많은 젊은이가 케케묵은 기존의 세계관을 따르지 않겠노라, 다람쥐 쳇바퀴

돌리듯 인생을 허비하면서 자신은 물론 타인까지 망가뜨리는 일은 하지 않겠노라 결심하고 있다. 이런 사람들이 늘어나 우리가 가족과 이웃들을, 혹은 어떤 팀의 일원으로서 서로를 한 인간으로 맞이하고 존엄하게 대할 수 있다면, 개인적 차원에서는 물론이고 공동체 차원에서도 숨어 있던 잠재력이 봇물 터지듯 할 것이다.

물론 그렇게 자신의 삶과 타인과의 공존을 꾸려가는 사람들에게도 좌절의 순간은 찾아온다. 하지만 이들은 내면 깊이 행복하고 그 상태를 유지하기 때문에 필연적으로, 그 자체로도 건강하다.

2장

우리를

병들게 하는 것들

물론 병원균, 원생동물,* 박테리아, 바이러스 등이 우리를 공격할 수도 있다. 하지만 우리 몸에는 또한 매우 효과적인 방어 기제가 있다. 우리의 면역 체계가 약해지지 않는다면, 보통은 방어 기제가 세균의 침입과 번식을 꽤 효과적으로 지속적으로 막아낸다. 따라서 우리가 병원균이나 바이러스에 감염되는 이유는 우리 몸의 면역 체계를 약화시키는 요인 때문이다.

유전적 요인이 작용하는 특수한 질병이 있기는 하다. 하지만 유전적 형질 그 자체만으로는 병이 생기지 않는다. 오히려 유전적 형질은, 세포와 우리가 다 함께 병에 걸려 죽는 것을 막기 위해 세포들을 움직여서 유전적 결함이나 기능상의 변화를 어떻게든 상쇄하려고 애쓴다. 다만 세

---

*   Protozoa. 운동성을 가진 단세포동물로서 대부분 자유생활을 하지만 일부는 인체에 기생해 다양한 증상을 유발한다.

포 차원의 '구조 노력'은 임시방편에 그칠 때가 많고, 다른 세포와 기관에 연쇄적인 '부작용'을 일으킨다. 특정 증상의 형태로 나타나는 이런저런 이상을 우리는 질병으로 간주하고 치료하지만, 실제로 이런 이상은 우리 몸속 세포들이 유전적으로 결정된 불리한 조건들을 상쇄하려 응급조치를 취하다가 발생한 결과일 따름이다.

물론 불의의 사고 같은 외부 요인으로 인해 상처 및 골절 등 신체가 훼손되거나 심지어는 신체의 일부가 없어지는 경우도 생겨난다. 하지만 이런 것들은 병이 아니다. 그저 일어날 수 있는 사고다. 요즘은 훌륭한 의사들이 많고 그들의 뛰어난 외과 수술 실력 덕분에 신체적 부상은 금세 치유될 수 있는 환경이 되었다.

이와 비슷하게 전쟁과 재해, 피난과 추방 등의 불가항력적 상황이나 학대, 유린, 성폭행 등의 폭력적 결과로 인해 심각한 트라우마를 겪거나 심리적 상처를 입게 되는 경우도 있다. 하지만 이 또한 병은 아니다. 그런 경험을 한 사람의 뇌에서 일어날 수 있는 반응일 뿐이다.

현재 세계 곳곳에서 만성 질환이 점점 늘어가고 있다. 지난 세기에 급증세를 보였던 심혈관 질환은 더 이상 서양인들만 많이 걸리는 병이 아니다. 잘못된 생활 습관과 변화된 환경으로 인해 많은 사람이 폐, 심장, 장, 간, 피부를 포함해 면역계, 심혈관계, 내분비계, 자율신경계 등 신체 각 부분의 기능이 지속적으로 훼손되어 만성적인 이상을 보이고 있다. 요즘엔 불안장애, 우울증, 정신 이상 등의 정신 질환이 더 빈번해지는 추세다. 심각한 치매성 질환도 마찬가지다.

이런 모든 이상 징후를 통틀어 '문명병'이라고 한다. 단어만 봐도 이 병이 서구 산업화 국가를 넘어 소위 개발도상국들에서까지 널리 채택된 생활 양식 및 습관과 무관하지 않음을 짐작할 수 있다. 현대의 건강하지 않은 삶이 서구는 물론 전 세계 거의 모든 사람을 병들게 하는 것이다.

이러니 지렁이도 만약 생각이란 걸 할 줄 안다면 우리가 제정신인지를 의심할 것이다. 인류란 지구 전체를 점령하고, 심지어 달까지 착륙하는 데도 성공한 종이지만, 그 구성원의 대부분은 건강을 지키는 삶을 꾸려가지 못하고 있다. 하물며 이들은 자기가 무엇을 하는지 분명히 알고 있다. 그렇게 하면 조만간 병든다는 것도 안다.

운동 부족과 각종 스트레스, 잘못된 식습관과 수면 부족, 과로, 정신적 부담, 소외감, 절망감, 좌절감이 병들게 한다는 것 정도는 유치원과 학교에서도 배웠을뿐더러 세

미나, 강연, 책과 신문, 잡지, 라디오와 TV 방송, 인터넷을 통해서도 줄기차게 들어서 확실히 알고 있다. 건강하지 못한 행위에 관한 연구 결과는 요새도 꾸준히 발표되고 있다.

이제는 정말 모두가 안다. 하지만 천 번을 들은들 뭐 하나. 아무 일도 일어나지 않는다. 우리는 무엇이 해로운지 이해하지 못할 정도로 아둔해진 걸까? 혹은 알면서도 무시하는 나쁜 습관 때문에 우리 삶이 병들고 있는 것은 아닐까?

편안해지려다 생긴 일

우리의 뇌는 결코 홀로 존재하지 않는다. 뇌는 몸과 나눌 수 없는 관계로 엮이어 있다. 또한 사회적 존재인 우리는 다른 사람 없이는 살 수 없도록 얽혀 있다. 따라서 우리의 뇌뿐만 아니라 몸 전체가, 그리고 우리가 몸담은 사회 전체가 잘 조직되어 가능한 한 가장 조화로운 상태를 이루어야 한다.

그런데 바로 그것이 가장 큰 문제다. 모든 것이 정확하게 맞아 떨어지기가 쉽지 않기 때문이다. 오히려 몸 한 군데, 예를 들어 배나 머리가 아프면 머릿속 질서가 무너진 나머지 집중해서 다른 문제를 해결하기가 어려워진다. 그런 상황에서 중요한 약속이 있다거나 출근을 해야 한다거나 아이들을 돌봐야 한다면 머릿속은 참기 버거울 정도로 뒤엉킨다. 신체 모든 과정을 제어해야 할 상부의 신경망과 회로가 뒤죽박죽되는 것이다. 그 결과, 심장이 쿵쾅대고 땀이 줄줄 흐르고 다리가 후들거리고 호흡이 가빠진다. 화장실을 들락날락하는 사람도 있다.

배나 허리가 아프지 않아도 배우자나 직장 동료와의 다툼으로 인해 머릿속에 혼란이 생길 수도 있다. 그러면 흥분하게 되고 아무 일도 제대로 되지 않는다. 이런 상황에 맞닥뜨리면 사람들은 그 일을 바로 잡고, 뇌 전체에 두루 퍼져 온몸으로 느껴지는 혼란을 통제하려고 갖은 수를 다 쓴다.

물론 당신도 알다시피 이 모든 혼란이 머릿속에서 저절로 일어날 수도 있다. 예를 들어, 누군가 당신에게 운동을 좀 하라거나, 몸에 좋은 음식을 먹으라거나, 저녁에 모니터 앞에 앉아서 공포 영화를 보는 건 숙면에 방해가 된다고 잔소리를 했다고 치자. 당신은 머릿속으로는 그 사람의 말이 옳다는 것을 분명히 안다. 이해하면서도 행동은 다르지 않다. 당신의 생활과 습관, 그리고 부담스러운 여러 상황에 부딪힌 당신이 이리저리 허용한 약간의 틈새가 바로 당신이 찾아낸 문제 해결책이다.

지금까지는 그런 방식으로 일시적으로나마 기분을 좋게 하는 데 성공해왔다. 하지만 이런 행동 방식이 건실하지 않다는 것을 스스로도 이미 알고 있다. 그래서 누군가 새삼스레 그 점을 지적하면 양심의 가책만 더해질 뿐이다.

자기 머릿속이 뒤죽박죽이길 바라는 사람은 아무도 없다. 누구나 평안을 원한다. 그래서 대부분의 사람이 혼란을 진정시키는 데 도움이 된다면 건강에 해롭다는 것을 뻔히 알면서도 원래의 습관으로 되돌아간다.

소란을 피운다고 해서, 한눈을 판다고 해서, 단 것을 먹는다고 해서, 담배를 피운다고 해서, 쇼핑을 한다고 해서, 저녁에 근사한 식사를 한다고 해서, TV를 보며 실없이 낄낄댄다고 해서 문제가 해결되지는 않는다. 하지만 당장 그 순간만큼은 문제가 사라진 것처럼 보인다. 그런 방식이 당신의 건강을 해친다.

그렇다고 한들 당신과 당신의 뇌는 상관하지 않는다. 비록 문제의 실체를 의식하지 않았을 뿐이고, 주의를 다른 곳에 돌린 것에 불과하다 할지라도, 지금 당장 상황이 나아진 것처럼 보이고 편안함을 느끼는 것이 중요하다. 하지만 바로 그런 방식 때문에 우리는 조만간 병들고 말 것이다.

만약 지렁이가 생각을 할 줄 알뿐더러 어느 정도 이해도 할 수 있다면, 즉 식도상 신경절**에 유전적으로 신경세포가 연결되어 있을 뿐만 아니라 신경세포망의 자기 조직화로 평생 학습이 가능한 두뇌를 가졌다면, 더 이상 우리가 제정신인지 의심하지는 않을 것이다. 그저 우리를 불쌍히 여길 뿐.

지렁이는 인생이 어떻게 될지 생각하지 않아도 된다. 대부분의 다른 동물과 마찬가지로, 우리 인간과는 다르게 지렁이는 그런 걸 미리 배우지 않아도 된다. 가르침을 전수해줄 누군가가 필요하지도 않다.

그들의 신경계는 유전적 프로그램이 예정한 대로 알아서 발달한다. 건조하면 더 습한 곳을 찾아 깊이 파고 들어간다. 음식도 신경 쓸 필요가 거의 없다. 장이 알아서 구멍

** Supraoesophageal ganglion. 곤충의 식도 위에 위치하는 뇌로 시각을 담당하는 전대뇌, 촉각을 담당하는 중대뇌, 윗입술과 식도의 감각 및 운동을 담당하는 후대뇌로 구성되어 있다.

을 뚫을 때 입으로 삼킨 흙으로부터 필요한 영양분을 흡수한다. 짝짓기 상대를 걱정할 필요도 없다. 지렁이는 자웅동체이므로 기어 다니다가 만난 다른 지렁이와 그냥 짝짓기를 하면 된다. 그러다가 재수가 없어 땅속에서 두더지와 마주치거나 지빠귀가 기다리고 있는 땅 위로 불쑥 올라와버린 날에는 잡아먹히고 만다. 뇌의 회로가 고정된 삶은 이렇게나 단순하다.

하지만 세상에 막 태어난 인간의 뇌는 가장 중요한 몇 가지만 고정이 된 상태다. 삶이 어떻게 흘러가는지를 하나하나 배워야 한다. 처음에는 시행착오를 통해, 나중에는 다른 누군가의 가르침과 설명을 통해 무엇이 중요한지 알아가야 한다.

그런데 다른 누군가라고 해서 항상 모든 것을 정확하게 아는 것은 아니다. 그들도 처음에는 우리와 똑같은 탐구자였다. 다만 평생 학습할 수 있는 뇌 덕분에 경험을 쌓을 수 있었다. 지식과 능력을 습득하고, 삶에서 올바른 길을 찾아가는 데 도움이 되는 구상을 발전시킬 수 있었다.

물론 삶에서 무엇이 중요한지를 찾는 과정에서 누구나 길을 잃을 수도 있다. 가끔은 인간 사회와 모든 구성원이 길을 잃어 막다른 길에 봉착하는 일도 생긴다. 그곳을 빠져나올 길을 찾지 못하면 모두가 병들고 죽는다. 지렁이에게는 결코 일어나지 않을 일이다.

사랑 없음이 가져오는 고통

스스로를 돌보고 살아가는 데 꼭 필요한 것들을 배우도록 도와주는 사람이 없었다면 우리는 태어나자마자 얼마 지나지 않아 금세 죽었을 것이다. 우리는 사회적 존재라서 다른 사람과 함께하는 공동체가 필요하다. 그래서 인간은 세계 어디서나 언제나 사회적 집단 안에서 산다. 가족 혹은 친족 집단 안에서, 마을과 도시 안에서.

은둔자, 아웃사이더, 혹은 모험가로 혼자 인생을 헤쳐나가려 시도하는 어른들조차 성장기만큼은 다른 사람들과 함께 보냈다. 어린이와 청소년들은 공동체의 다른 구성원들로부터 지식과 기술, 아이디어와 구상, 규칙과 관습, 이외에도 공동체 안에서의 삶을 결정하고 공존을 보장하는 모든 것을 전수받는다. 그리고 이 모든 공동체는 구성원 인생에서 무엇이 중요한지, 구성원들 모두가 알아야 하고 해야만 하는 것이 무엇인지, 구성원이 어떻게 행동해야 하는지에 관한 전반적인 합의에 의해 통제된다.

그렇게 합의된 구상에 적합한 사람은 좋은 평가를 받고 해당 사회의 일원으로 수용된다. 하지만 그렇지 못한 사람은, 합의된 구상에 따를 준비가 되어 있지 않은 사람은 처벌을 받고 소외된다. 예로부터 항상 그래왔다. 지금도 전 세계 어디에서나 그렇다. 과거와 현재의 차이라면, 서구 문화권 일부 가정에서는 수십 년 전에 비해 이런 부분을 훨씬 온건하게 다룬다는 것 정도다. 옛날에는 가장들이 무엇을 해야 하고, 무엇을 하면 안 되는지를 결코 흘려들을 수 없도록 확실하게 선언했다면, 오늘날에는 타인의 기대에 부응하기 위해 누가, 언제, 무엇을, 어떻게 해야 할지를 두고 가족 구성원이 서로 상의하는 편이다.

아이가 자기와 가장 *끈끈하게* 연결되었다고 느끼고 자기를 위해서는 모든 것을 다해주리라 믿었던 어른, 다시 말하자면 보호자로부터 기대와 계획, 지시와 평가, 조치와 명령의 대상이 되는 것은 매우 고통스러운 경험이다. 하지만 대부분의 어른은 그 고통을 상상조차 하지 못한다. 이런 경험은 아이들이 지닌 정신 감정상의 두 가지 욕구, 즉 결속과 애착 그리고 자율과 자유를 향한 욕구 모두에 심각한 타격을 입힌다.

다 큰 성인들도 공동체에서 소외되거나 자기 결정권 행사에 방해를 받을 때면 뇌의 세포 연결망이 신체적 고통을 받을 때와 같이 활성화된다. 상대에게서 사랑 없음이 느껴질 때 수반되는 고통을 극복하는 가장 간단한 방법은, 애착과 자율에 관한 욕구를 자꾸 억눌러서 더 이상 느끼지 않도록 하는 것이다. 그러는 동안 뇌에서는 그 두 가지 기본 욕구를 생성하는 데 필요한 신경세포의 활성화를 방해하고 억제하는 데 도움을 주는 방향으로 모든 신경망이 발달한다.

적응이라는 힘겨운 과정

어른들의 구상과 기대를 충족시켰을 때 수용되고 칭찬받고 '사랑받은' 경험이 있는 아이들의 경우, 뇌에서 이런 복잡한 구조 조정이 일어난다. 물론 그들은 알지 못하는 새에 일어난다. 부모가 강요한 변화가 아니다.

아이들은 어른들이 흔히 짐작하는 것 이상으로 주의 깊고 섬세하다. 엄마와 아빠가 자신들이 '반드시 어떻게 되길' 기대하고 희망하고 바라는지를 매우 명확하게 감지한다. 그리고 부모의 기대와 자기 욕구가 일치하지 않을 때 아이들의 뇌는, 특히 자기 기대치와 객관적 판단 사이의 간극 조정을 담당하는 전두엽은 분명한 동요를 느낀다.

수많은 신경세포에서 동시에 연기가 피어오르기 시작하고, 그때까지 유지되던 질서가 뒤집어진다. 이러한 상태를 신경생물학에서는 '각성'이라고 일컫는다. 자신의 기대가 현실과 일치할 때 어느 정도 유지되던 규칙적인 상태에서 점점 일관성이 사라지고 에너지 소비가 증가한다. 그러면 거기에 연관된 신경세포 모두가 다시금 조화를 이룰 때까지, 일관성을 회복하고 그래서 에너지 소비가 줄어들 때까지 상호작용을 수정해야만 한다.

그러던 어느 순간, 아이들은 가장 적절한 해결책을 찾는다. 있는 모습 그대로 사랑받길 기대하게 만든 기존의 신경망을 억누르는 것이다. 아이들은, 신경학자의 표현대로라면, 애착과 자율성을 향한 기본적인 욕구를 억제하고 억압하며 제거하는 일을 차근차근 배워나간다.

그 누구의 책임도 아니다. 그렇게 '만든' 사람은 아무도 없다. (에너지 절약을 위한) 유일한 방책으로 뇌가 알아서 그렇게 발달했을 뿐이다. 어른들을 바꿀 수 없기에 아이들은 어른들의 사랑 없는 태도와 행동에 상처받지 않을 때까지 자기 뇌를 개조했을 뿐이다.

이제 아이는 다른 사람이 기대하는 모든 것을 할 수 있다. 보호자의 인정을 받기 위해 필요한 모든 것과 보호자가 떠안기는 모든 임무를 해낼 수 있다. 또한 보호자가 중요하게 여기는 것들을 자기 머릿속에도 깊이 새겨 넣는다.

이러한 과정에 잘 적응하는 아이도 있고, 그렇지 못한 아이도 있다. 하지만 성과에 대한 압박과 경쟁으로 점철된 오늘날 우리 문화권에서 어른들의 기대와 욕망에 적응해가는 이 힘겨운 과정을 비껴갈 수 있는 아이는 별로 없다. 이것이 우리가 사랑 없음을 다음 세대로 유전하는 방식이다. 자신과 타인을, 살아 있는 자연과 그중 하나인 인류 전체를 사랑 없이 대하는 연쇄 고리는 이렇게 만들어진다.

이것이 바로 우리 모두가 내면 깊은 곳에서 고통을 겪게 된 이유다. 하지만 우리 중 대다수가 이 사실을 (더 이상) 깨닫지 못한다.

고통을 느끼는 신경회로는 뇌의 깊은 곳에 자리하고 있는데, 억제성 신경망이 활성화되어 그 회로를 두텁게 에워싸면 내면에서는 아무것도 느낄 수 없다. 그러면 무엇이 부족한지 알아차리기가 정말 힘들어진다.

우리가 정상이라면 뇌 깊은 영역에서 느껴지는 자극으

로 욕구를 감지할 수 있다. 하지만 애착과 안전에 대한 욕구, 자아를 발견하고 형성해나가려는 욕구, 심지어 자신이나 타인을 돌보려는 욕구와 자기 육체와 관능을 느끼고자 하는 욕구까지 모든 것이 완벽에 가깝게 억제되었다. 이제 우리는 생명에 필수적인 자연스러운 욕구를 따르기보다는 스스로 만들어내었거나 타인으로부터 받아들인 구상, 태도, 고정된 신념에 맞춰서 사고하고 느끼고 행동한다. 그리고 그런 행동 양식을 뇌 전면 상부에 있는 전전두엽 피질***에 새겨 넣는다.

나는 나로부터 분리되었다

삶에서 성공이 중요하다는 생각은 우리 사이에 널리 퍼져 있다. 치열한 경쟁과 성과에 대한 스트레스는 발전과 진보를 위해 없어서는 안 될 내적 동기로 취급된다. 심지어 다른 사람을 희생시켜 자기 배를 불리는 속성이 인간의

*** Prefrontal cortex. 전두엽 앞을 감싸고 있는 대뇌 피질로 생각과 행동의 조율, 성격 형성에 관련되어 있다.

본성이라 믿는 사람도 많다.

또한 여전히 많은 사람이 동물은 고통을 느끼지 못하고, 사람이 건강하고 강해지려면 육식을 해야만 한다고 믿는다. 어떤 이들은 세상에 불가능이란 없다고 생각하며 창조주처럼 행동한다. 반면 자기 삶은 어떤 다른 힘에 의해 인도되는 것이기에 스스로를 조형해나간다는 것은 분수에 넘치는 일이라고 확신하는 사람도 있다.

즐겁게 사는 것, 만사를 자기 가슴이 시키는 대로 하는 것이 삶의 진정한 목표라고 생각하는 사람도 적지 않다. 이들은 병들어도 분명 회복시켜줄 누군가가 있으리라고 믿는다. 이들은 건강하게 오래 살 수만 있다면 그 어떤 약도, 그 어떤 지시도 따를 마음의 준비가 되어 있다.

하지만 이 모두는 인지적 차원에서 전두엽에 새겨진 구상일 뿐이다. 그것은 우리로 하여금 삶에서 올바른 길을 찾도록, 기본 욕구를 완전히 억누르지는 않더라도 어느 정도 통제할 수 있도록 도와준다.

머릿속을 그러한 구상으로 채운 사람들은 자기실현이나 자율과 자유를 향한 욕구가 느껴지면 쇼핑을 하고 다음 휴가 계획을 짠다. 애착과 결속에 관한 욕구가 깨어나면 단체 채팅방을 개설하거나, 지역 축구팀의 팬클럽이나 마을 축제 준비 위원회에 가입하는 등 어울리기에 적당하다고 여겨지는 공동체를 선택해 들어간다.

그렇기에 우리는 '고통은 어디에서 오는가'라는 질문에 제대로 답하기 어렵다. 분명 고통은 우리가 태어나고 자라온 세상에 적응하느라 잃어버린 것, 우리가 스스로 자기 뇌에서 지워버리거나 드러나지 않게 꼭꼭 덮어놓은 것에서 비롯되었을 것이다. 우리가 기대만큼 훌륭하게, 완벽하게 기능할 수 있도록 도와준 무언가에서 고통이 싹트기 시작했을 것이다.

하지만 '지금 이대로는 안 돼'라는 생각에서 오는 고통을 극복하기 위해 우리가 직접 찾거나 타인에게서 받아들인 해결책과 특별한 구상 때문에 우리는 더 큰 고통을 겪는 게 아닐까? 우리의 가장 큰 고통은 우리가 자신으로부터 분리되었다는, 즉 타인과 함께하는 공동체에 잘 적응하려고 노력하는 중에 자신을 잃어버렸다는 인식으로부터 자라난 것은 아닐까?

3장

우리는 어떻게

스스로 치유되는가

우리는 흔히 사람이 자신과 조화를 이룰 때 건강을 지킬 수 있고, 병에 걸려도 금방 회복할 수 있다고 말한다. 그런데 자신과 조화를 이룬다는 게 도대체 무슨 뜻이란 말인가?

우리는 타인 없이는 살 수 없는, 정확하게는 다른 동물과 식물과 미생물, 심지어는 바이러스조차도 없이는 살 수 없는 사회적 존재다. 그렇지만 타인과 조화를 이루며 산다는 것도 힘든 일이다. 우리의 구상, 행동, 하물며 신체 활동마저도 어떤 외부의 요구에 맞추어야 한다. 그 과정에서 우리의 바람과 욕구를 뒤로 미루는 것은 물론이고 억눌러야 할 때도 많다. 자기 자신과 조화를 이룰 수 없음은 말할 것도 없다.

타인과 조화를 이루기 위해 노력하다 보면 우리는 자신과의 깊은 연결이 끊어질 위험에 노출된다. 동시에 타인과 단절되어 있다는 느낌에도 시달린다. 우리의 뇌는 나만의 욕구와 바람을 억제하는 신경망을 겹겹이 쌓음으로써 단절에서 비롯된 감정을 극복한다. 이로 인해 우리는 점점 더 자신을 낯설게 느끼고, 그때부터 자신 때문에 괴로워하기 시작한다. 우리는 딜레마에 빠진 것이다.

살아 있는 모든 것은 스스로를 조직한다

모든 딜레마가 그러하듯이 이 딜레마 또한 한쪽에 비중을 두고 우선적으로 노력을 기울이는 것으로는 해결되지 않는다. 둘 다 동시에 이루려 하거나 기존의 구상 세계에 맞춰 하나를 희생하여 다른 하나를 이루고자 하는 것도 문제다. 이런 딜레마는 오로지 그 문제를 야기한 기존의 구상 세계를 근본적으로 바꾸는 것으로만 해결할 수 있다.

알베르트 아인슈타인도 비슷한 경험을 했다. 그는 기존의 뉴턴 물리학이 자신이 발견한 양자역학과 일치하지 않음을 알아챘다. 아인슈타인은 상대성 이론이라는 새로운 구상 세계를 여는 것으로 문제를 해결했다. 덕분에 뉴턴의 법칙과 상대성 이론은 각각 뉴턴과 아인슈타인이 관찰한 현상에 적확한 설명으로 인정되었다. 더불어 현대 물리학에는 그때까지 통용되지 않던 새로운 구상의 공간이 열렸다.

고전 물리학과 현대 물리학의 구상이 근본적으로 다르듯 현대 생물학의 구상 또한 고전 생물학과는 전혀 다르다. 고전 생물학은 생물 분야에서 관찰 가능한 현상을 설명하고, 유사성을 파악하고, 상호관계를 조사하고, 세포와 장기, 유기체 및 생태계가 기능하는 기제와 상호작용을 연구한다.

현대 생물학은 오래전에 이 차원을 벗어나 생물의 관찰 가능한 현상을 파악하는 데 천착하지 않는다. 그보다는 그런 현상을 야기한 과정을 이해하는 데 중점을 둔다. 현대 생물학의 가장 중요한 발견은 살아 있는 모든 것의 현 상태가 선한 창조자나 우연한 행운 혹은 유전적 프로그램 덕분이 아니라는 것이다.

모든 유형의 생명체들은 끊임없이 실행된 자기 조직화의 잠정적 결과다. 여기서 말하는 조직화는 어떤 구조나 메커니즘 혹은 자기 조절 시스템의 발달이 아니라, 모든 생물과 각각의 생명체 안에 내재된 잠재력이 전개되는 과정을 뜻한다.

지난 세기 고전 생물학을 대표하는 키워드는 '유전', '기능', '조정', '경쟁', '선택'이었다. 반면 21세기 생물학을 대표하는 단어는 '자기 조직화'와 '잠재력 발현'이다. 고전 생물학의 구상이 지난 세기 우리 삶 모든 분야에 널리 퍼져 의학 이론과 실험 적용에 확고히 자리 잡았던 것과 마찬가지로, 새로운 생물학의 패러다임도 다양한 분야에서 주목받고 있다. 심지어는 경영자들마저도 미래의 방향과 혁신적 해결책을 생물학에서 찾는다.

자기 조직화와 잠재력 발현 과정에 대한 이해가 늘어나면서 현대 의학의 대표자들도 그들 분야에서 관찰되는 현상을 새로운 시각으로 바라볼 수 있게 되었다. 그것을 기반으로 현대 의학은 고전 의학이 그간 관심을 두지 않았던 과정을 이해하고 발전시키게 되었다. '사랑 없음이 사람을 병들게 한다'는 구상도 그중 하나다.

'자가 치유'란 생물학적 자기 조직화에서 파생된 키워드로 현재는 의학계에서도 이 전환 과정을 연구 중이다. 그런데 이 전환 과정은 우리가 지금까지 삶을 형성하는 기반으로 삼아온 구상들이 틀렸음을, 그래서 우리가 잘못된 길에 이르렀음을 인정하는 데서 시작된다. 그것이 고통스럽겠지만.

이렇게 인정하면, 우리 내면 가장 깊은 곳은 충격을 받고 우리의 자아상과 세계관도 뒤흔들릴 수밖에 없다. 하지만 깊은 내면에서 비롯된 불안은 우리가 눈을 열고 우리가 살고 있는 세상을 다른 눈으로 바라볼 수 있는 기회를 제공한다. 때때로 우리는 안 보이던 것이 갑자기 보이기 시작하는 각성을 경험하기도 한다.

우리가 작동시키거나 통제할 수 없었던 삶의 신비를 깨닫게 되는 것이다. 우리가 삶이라는 거대한 흐름에 속하고, 그 흐름에 따라 움직인다는 사실. 그리고 살아 있는 모든 것은 항상 다시 새롭게 조직된다는 사실. 더 정확히 말하자면 '새롭게 창조된다'는 삶의 신비를 깨닫는 것에서 자가 치유는 시작된다.

에너지를 절약하는 우리의 뇌

하지만 이러한 깨달음만으로는 문제를 해결할 수 없다. 무언가가 스스로 조직된다면 그 어떤 것도 가능하기 때문이다. 그러니 이 자기 조직화를 특정한 방향으로 끌고갈 무언가가 필요하다. 그리고 실제로 그렇게 이끄는 힘이 존재한다. 열역학 제2법칙에 위배되지 않기 위해 모든 생명체가 따라야 하는 목표, 즉 '에너지 절약'이 바로 그 힘이다.

열역학 제1법칙은 에너지가 어떤 형태로 존재하고 어떤 형태로 변환되든지 간에 생성 또는 소멸되지 않는다고 말한다. 이를 '에너지 보존 법칙'이라고 부른다. 19세기 중반 루돌프 클라우지우스Rudolf Clausius가 주창한 열역학 제2법칙은 모든 에너지는 한 방향으로 흐른다고 설명한다. 당시 그는 열에너지를 예로 들며 "열은 차가운 곳에서 뜨거운 곳으로 자발적으로 흐르지 않는다"고 주장했다.

정리하면, 에너지는 자연적으로 큰 쪽에서 작은 쪽으로 흐른다. 그렇게 흐르다 보면 전 우주에 고르게 분포되는 방향으로 나아간다. 그렇기에 우주의 무질서는 끊임없이 증가하며 무구조 상태로 나아간다(루트비히 볼츠만Ludwig Boltzmann의 '엔트로피').*

생명체는 에너지를 흡수함으로써 자신만의 질서를 쌓아올린다. 그렇게 무질서의 바다에서 일종의 '섬'이 되었다가(에르빈 슈뢰딩거Erwin Schrödinger) 내부 질서를 유지하는 데 필

---

* 볼츠만의 정의에 의하면 엔트로피란 물리계의 구성 성분이 '겉으로 구별되지 않는 배열'을 이루는 경우의 수를 의미한다. 즉 배열이 고르게 된 경우보다 무작위로 섞인 경우의 수가 더 많다는 것이다.

요한 에너지의 보유량을 넘어서면 붕괴한다.

생명체가 저마다의 구조를 세우고 유지하는 데는 엄청난 에너지가 소요된다. 식물은 빛의 형태로, 동물은 식물이 생산해낸 탄수화물과 그것을 분해하여 얻는 포도당의 형태로 에너지를 얻는다. 이들이 생명체로서 존속을 보장받기 위해서는 내부 조직을 구축하고 유지하는 데 소비되는 에너지를 최소화해야 한다. 이 법칙은 모든 세포, 모든 기관, 하물며 뇌에도 적용된다. 가족, 동호회, 기업 등의 공동체와 모든 사회 및 모든 생태계 또한 마찬가지다.

생명체는 온전한 상태와 생명 유지에 필수적인 에너지를 공급받는 데 실패하면 소멸한다. 열역학 제2법칙에 따라 생명체를 구성하는 재료가 되었던 에너지는 다시금 우주에 균일하게 분포된다. 자신과 타인, 다른 생명체와의 사랑 없는 관계는 에너지를 엄청나게 소모시키는 원인이 된다.

반면 한 세포와 유기체, 한 가족과 사회 안에서 모든 것이 최상의 조화를 이룰 때 에너지 소비는 최소화된다. 뇌의 오래된 영역이 새로운 영역과 마찰 없이 일할 때, 우뇌와 소뇌가 이상적으로 협업할 때, 사고와 감정이 행동과 일치할 때, 기대와 현실이 맞아떨어질 때, 자신과 타인 그리고 자연과 우주 전체가 아무런 장애 없이 잘 연결되어 있다고 느껴질 때 바로 에너지 소비가 가장 적어진다. 이러한 상태를 과학적으로는 '일관성coherence'이라 일컫는다. 뇌의 모든 세포, 모든 신경망, 그리고 뇌 전체는 일관된 상태를 확립하고 유지해 에너지를 적게 소비하도록 내부 관계를 끊임없이 조정한다. 따라서 자기 조직화가 나아가야 할 방향은 모두 에너지 절약이라는 목표에 의해 정해진다.

우리가 새로운 무언가를 인식하고 검토하기 시작할 때, 어떤 문제를 풀어야 할 때, 타인과 갈등이 생길 때, 뇌의 에너지 소비는 급격하게 증가한다. 심지어 우리 자신을 바꾸어야 할 때도 그렇다. 모두 인간의 뇌가 선호하는 작업이 아니다. 따라서 이런 일이 생기면 제일 먼저 불쾌감이 솟아나고 나중에는 신체적으로도 소진이 되고 만다.

우리에겐 불쾌한 일이라면 무엇이든 피하려고 하는 성질이 있다. 그래서 한번 머릿속에 자리 잡은 구상을 쉽사리 버리지 못하는 것이다. 우리는 새로운 발견이 기존의 구상을 뒤집거나 무용지물로 만든 뒤에도 한참을 옛 구상에 붙들려 살아간다.

우리의 몸은 하나다

인간이란 유기체는 아주 정교하게 설계된 기계와 흡사하다. 지난 세기에 제기된 이러한 주장은 오늘날까지도 사람들의 인식에 깊이 자리하고 있다. 이에 자동차나 비행기, 세탁기에 설계도가 있는 것처럼 우리 인간도 유전적 형질이 있어서 우리 몸의 다양한 기관과 그 체계가 정해진 대로 정확하게 생성되도록 책임을 진다고 믿는다.

사람들은 효율이 높은 건강한 유기체를 발달시키는 데에도 어느 정도 최적화된 설계도가 있으리라고 믿는다. 그렇게 생각하는 사람은, 기계와 마찬가지로 인체에서도 다양한 기관과 기관 체계를 부지런히 가동하다 보면 일정한 마모와 결함의 징후가 나타난다고 확신한다. 어떤 사람에게는 조금 일찍, 어떤 사람에게는 조금 늦게 나타날 뿐 신체가 일반 모드로 작동하다 보면 고장 날 수밖에 없다는 것이다. 그들은 그런 고장은 기계처럼 적절한 수리를 통해 해결할 수 있다고 믿는다.

이러한 구상을 바탕으로 신체 각 기관과 그 기능의 장애를 극복하는 임무를 최우선으로 삼는 의료 체계가 세워졌다. 살다 보면, 나이가 들수록 이런저런 신체 이상도 점점 더 잦아지게 마련이다. 이걸 고장, 치료를 수리라고 생각하는 방식은 기계의 시대에 만들어진 구상이지만 현대의 의료 체계도 여전히 이 구상 아래 놓여 있다. 이에 호응하듯 사람들은 다양한 이유로 우리 몸이 제대로 작동하지 않으면 대부분의 기계가 그러하듯 다양한 방법으로 다시금 수리될 수 있다고 믿는다.

이런 생각을 가진 사람들에게 '자가 치유'란 이해 불가한 비과학적 광신도의 헛소리에 지나지 않는다. 하지만 각각의 유기체가 그 내부를 일치단결하여 아무런 마찰 없이 최적의 조화를 이룰 때, 그래서 일관성이 지속적으로 유지되고 에너지가 최소한으로 소비될 때 정상적인 자기 조직화가 진행된다. 이를 특별하게 일컫는 말 중 하나가 자가 치유다.

실제로 모든 유기체는 다양한 수준에서 작동하는 광범위한 메커니즘, 반응 및 행동을 가지고 있으며, 이는 각 세포와 기관의 상호작용에서 발생하는 다양한 장애를 해결하는 데 도움을 준다. 이런 자가 치유력 없이는 상처 치료, 감염 극복, 수술 후 재건 등 질병으로부터 회복되는 일은 불가능하다.

모든 식물과 동물, 그리고 세포 하나하나는 자가 치유

력을 가지고 있다. 여기서 흥미로운 점은 스스로가 다시 '치유'될 수 있는 능력, 즉 보다 일관성 있는 상태에 도달할 수 있는 능력은 각 생명체가 '전체적'으로 대응해 구현할 때만이 지속적인 치유로 이어진다는 사실이다.

혈중 알코올 과다로 간에 문제가 생겨 결국 간경화 진단을 받았다고 하자. 이 문제를 해결하기 위해 간에 집중할 수도 있지만, 유기체 전체적으로 본다면 이 해결책은 그리 유익하지 않다. 오히려 그 반대다! 이러한 해결은 다른 기관과 세포에 문제를 일으킨다. 그러면 또 각 기관마다 그에 맞는 해결책을 찾아야 한다. 그러다 보면 점점 더 위중한 병세에 이를 수 있다.

만약 알코올에 중독된 간이 그 비참한 처지를 뇌에 알릴 수 있다면, 그로 인해 술꾼이 자기 건강에 문제가 생겼음을 심각하게 인지하고 과도한 음주를 멈출 수 있다면, 그 편이 훨씬 나을 것이다. 실제로 간은 그런 신호를 뇌에 보낼 수 있다. 하지만 몸의 주인이 그것을 이해하거나 인식하지 못한다면 불쌍한 간은 자구책을 찾아 지방간이 되는 편을 택할 수밖에 없다.

밤이나 낮이나 의자에 앉아 모니터만 바라보는 사람에게도 문제가 생긴다. 제일 먼저 척추가, 그중에서도 등과

목의 근육 조직이 그 문제를 알아차린다. 각 기관은 뇌에 이상을 알리는 신호를 보낸다. 정상적이라면 고통을 인지한 몸의 주인이 당장 자리에서 일어나 몸을 움직이고 등을 이완해서 근육 조직에 가해진 긴장을 풀어주려 해야 한다.

하지만 대부분의 사람은 고통의 신호를 흘려듣도록 배워왔다. 그래서 계속 자리에 앉아 지금껏 하던 일을 계속한다. 이런 식으로 문제를 떠안게 된 등 근육은 자구책을 찾아야 한다. 뼈는 더 굳고 근막은 달라붙어 척추 관절은 더 큰 곤경에 빠진다. 염증과 상처가 빈발하면서 뼈 구조가 변하고 돌출과 유착이 생긴다. 그 결과 척추 전체가 비틀려서 구부정하고 뻣뻣해진다. 그러는 동안 계속 가해지는 압력에 시달리던 폐도 자구책을 찾아 나선다. 이런 식으로 문제는 더 이상 생길 수 없을 때까지 계속 이어진다.

우리 인간은 동식물과는 달리 본연의 자가 치유력을 억제하고 무력화할 수 있다. 그 책임은 사는 동안 계속 달라질 수 있는, 즉 학습 가능한 뇌에 있다. 뇌는 자기 삶과 타인과의 공존에서 무엇이 중요한지 구상할 수 있는 능력이 있다. 이런 구상 중 어떤 것은 우리 몸이 자가 치유력을 발휘하는 데 유익하지만, 다른 어떤 것은 유익하지 않다.

자아상과 무질서의 확산

신경생물학자들이 그동안 밝혀낸 바에 따르면, 우리의 뇌는 발달 초기 단계에 몸에서 뇌로 전달되는 신호 패턴을 바탕으로 스스로를 구조화한다. 즉 뇌의 오래되고 깊은 영역에서 시냅스 회로 패턴이 구성되는 방향은 그 사람의 체험에 따라 달라질 수 있다는 뜻이다.

출생 전부터 유년기 초반에 걸쳐 형성되는 두뇌의 이 영역은, 몸에서 일어나는 온갖 과정이 서로 통합되고 조화를 이룰 수 있도록 협력하는 것을 최우선 과제로 삼는다. 우리가 몸을 움직일 때, 노래하고 춤추고 말할 때 필요한 운동 기능을 조절하고 통제하는 것도 이 영역의 역할이다.

이 기본 바탕 위에 아이가 외부 세계, 특히 보호자와의 관계에서 쌓은 경험이 더해져 뇌 신경 회로 패턴이 구성된다. 이는 성숙한 뇌 구조를 이루는 데 중요한 기반이 된다. 이때부터 아이는 외부 세계와의 관계, 그중에서도 보호자와의 관계 형성을 뇌 발달상 최우선 과제로 삼는다.

하지만 우리가 의식적으로든 무의식적으로든 간섭하지 않아도 뇌는 알아서 에너지 소비를 가능한 한 낮게 유지하도록 작동한다. 그중 가장 흥미롭고 효과적인 전략은, 뇌 기능의 원리이기도 한 '단순화' 작업이다. 이는 우리 몸의 다양한 행동과 반응을 조화롭게 제어하기 위해 상위 패턴을 형성하고 자동화시키는 과정을 의미한다. 어려운 말 같지만 알고 보면 우리 모두가 잘 알고 있는 개념이다.

예를 들어보자. 우리 모두는 걸을 수 있다. 보통은 무의식적으로, 굳이 고민하지 않아도 저절로 수행되는 기능이다. 하지만 돌 무렵, 처음 걸음마를 배울 때만 해도 걷기는 매우 힘들고 에너지 소비가 많은 행위였다. 그러다 점점 자동화되어 에너지를 거의 들이지 않고도 걸을 수 있게 되었다. 시간이 흐르면서 걸을 때 필요한 여러 개별 반응과 근육의 수축을 매우 효과적으로 조절하고 제어하는 어떤 패턴, 즉 내적 구상이 우리 뇌에 자리 잡았기 때문이다. 그래서 걸어야 할 일이 있으면 상위 패턴을 불러오기만 하면 끝이다. 그러면 곧장 출발이다.

뇌에서 발달한 상위 행동 패턴은 다양한 개별 운동을 조절하는 것과 마찬가지로 사고방식도 에너지를 최대한 절약하는 쪽으로 운용한다. 같은 공동체의 사람들, 이를테면 한국인은 한국인대로 독일인은 독일인대로 사고방식과 태도가 엇비슷하다. 뇌에서 발달한 상위 행동 패턴 덕분이다. 이 패턴은 한 사람이 지금까지 살아온 경험을 바탕으로 만들어진다.

전두엽에 복잡한 망 형태로 새겨진 이 사고방식과 태도는 그 사람이 특정 상황에서 어떻게 행동하는지, 어떻게 말하고 행동하는지, 어떤 걸 신경 쓰고 어떤 걸 소홀히 하는지, 무엇을 중요하게 여기고 무엇을 무관심하게 여기는지를 결정한다. 이 기능은 거의 자동화되어서 매 상황 어떤 행동이 적절하고 목적 달성에 도움이 되는지를 고민하는 데 소모되는 에너지를 줄인다.

발견의 기쁨, 개방성, 창조의 즐거움도 자동화 목록에 포함된다. 부러움, 인색함, 원망 등도 마찬가지다. 이러한 내적 태도는 객관적 측정이 불가능하다. 오로지 그것이 추동한 행동 방식, 즉 그 사람이 무엇을 말하고 어떻게 행동하는지를 통해 추론될 뿐이다.

흥미롭게도 우리 두뇌에 각인된 상위 패턴은 인생 초기에 형성되는 사고방식과 태도의 발달에도 관여한다. 우리 언어상에는 이를 일컫는 적확한 단어가 없다. 그나마 '자아상'이 가장 근접한 개념이다. 자아상은 넓게 보자면 한 사람을 한 인간으로 만드는 구상을 뜻한다. 또한 어떤 사람이 되고 싶은지, 삶의 지향점과 중요한 결정을 이끄는 기준이 어디에 있는지도 포함한다.

어떤 사람이 되고 싶은지에 대한 내적 구상을 발전시키지 못한 사람에게는 확고한 지향점이 없다. 그런 사람은 생각하고 행동하는 많은 것들이 뇌 안에서 조화를 이루지 못한다. 그 결과 무질서가 확산되면서 에너지 소비가 증가한다.

스트레스와 불안이 자가 치유를 망친다

불안은 신체 반응의 통합적 조절과 유기체의 자가 치유력을 저해하는 가장 강력한 감정이다. 불안은 대뇌변연계**, 특히 편도체***의 신경망을 활성화하도록 만들어 뇌 줄기에 있는 조절 체계를 교란시키기 때문이다. 내면의 균형에 변화가 생겼을 때 이를 인지하고 보이는 반응과 그 강도, 즉 뇌의 전반에 일관성이 깨졌을 때에 나타나는 반응이 불안인지의 여부는 자신이 인지한 것을 어떻게 평가하느냐

** limbic system. 대뇌 피질 아래 고리처럼 감겨 있는 구조로 측두엽의 일부를 이루며 본능적 행동과 정서 및 감정을 담당한다.

*** Amygdala. 측두엽 내측에 있는 신경핵의 집합체.

에 달렸다. 그리고 그 평가는 지금까지의 경험을 바탕으로 한 주관적 인식으로 이루어진다.

기준이 되는 경험들은 시냅스로 결합된 신경회로망 형태로 전전두엽 피질에 새겨져 있다. 학습된 지식과 달리 '피부로 체감한' 경험들이다. 이러한 경험들은 상황이 펼쳐짐과 동시에 신경망이 활성화되어 감정적 반응이 신체적 반응과 연동된다. 따라서 지각과 감정, 신체를 담당하는 신경망과 조절 회로가 서로 연결된 형태로 뇌에 저장된다.

우리가 특정 기억이나 생각을 떠올리면 저절로 그와 연관된 감정과 신체 반응이 따라올 때가 있다. '체감한' 경험들이기 때문이다. 한 사람이 지금까지 해온 경험의 정수 혹은 축적을 우리는 대중적 용어로 사고방식 혹은 태도라고 풀어쓴다. 신경생물학적으로 보자면 이 또한 전전두엽 피질에 저장된 주관적 경험의 '메타표상_{Metarepresentation}'****이다. 이러한 사고방식과 태도는 어떤 사건을 주관적으로 평가하는 결정적 잣대가 되어 우리 앞에 벌어진 사건에 대해 불안과 스트레스로 반응할 것인지의 여부를 판단한다.

한 사람의 전전두엽 피질에 새겨진 태도는 쉽사리 변

**** 어떤 표상을 이해하기 위한 이차적 정보로, 경험이나 외부의 지식으로 획득된다.

하지 않는다. 이미 감정 및 신체적 반응과도 연동되었기에 정서적 부분들이 동시에 활성화되지 않는 한 교육, 지도, 설명 등 단순한 인지적 개입만으로는 지속적 변화를 이끌어내지 못한다. 애정, 동정, 배려 등의 정서적 개입만으로도 효과가 없기는 마찬가지다. 그러므로 한번 설정된 태도를 변화시키고 그 변화를 유지하기 위해서는 그 사람이 새로이 다른 경험을 하는 수밖에 없다. 새로운 경험을 할 의향이 있는지, 그래서 자가 치유력을 다시금 회복하는 데 성공할 수 있을지는 그 사람의 내적 태도에 달렸다.

4장

우리의 치유력을

약하게 만드는 것은

살아 있는 모든 것은, 즉 식물이든 동물이든 인간이든 할 것 없이, 모든 세포와 모든 유기체는 장애와 위험을 맞닥뜨렸을 때 내적 질서를 회복하기 위한 일련의 반응 패턴을 갖고 있다. 독립적인 동시에 상호 의존적인 개인으로 구성된 모든 사회 공동체도 마찬가지다.

정상적이라면 내적 및 외부적 요인에 의해 실조(조화나 균형이 깨짐)가 유발되었다 하더라도 이 패턴을 통해 일관성을 되찾고 에너지를 적게 소비하는 원래의 상태로 돌아갈 수 있다. 세상 모든 세포와 유기체 그리고 공동체는 이러한 방식으로 저마다의 생존을 보장받는다. 이렇게 다시 '치유'되는 능력을 생명체의 '자가 치유력'이라고 한다.

성장이나 번식 능력처럼 자가 치유의 능력 또한 모든 생명체에 처음부터 내재되어 있다. 이 능력이 생명체를 생존 가능하게, 즉 계속 살아 있게 한다.

모든 생명체에 내재된 이 자가 치유력은 더 이상 강화할 수도 없지만, 억제하거나 완화할 수도, 무력화할 수도 없다. 알베르트 슈바이처가 생명이란 "마찬가지로 살고자 하는 다른 생명 사이에서 살고자 하는 것"이라고 말했듯, 내재된 능력이라 할지라도 모든 생명체가 항상 자가 치유력을 마음껏 펼치며 살 수 있는 것은 아니다.

인간이 세상을 파악하는 방식

언제 어디서든 자원은 한정되어 있는데 생명체가 계속 번식하고 성장하면 경쟁이 심해진다. 살아남는 것은 경쟁자들보다 우월한 자신만의 능력과 능률을 개발해 환경 적응에 성공한 개체들이다. 그래서 경쟁적 환경에서는 모든 개체가 끊임없이 전문 능력을 개발할 수밖에 없다. 특정한 행동 방식이나 구조, 메커니즘 등 바깥으로 드러나는 요소만으로는 생존을 보장받을 수 없다.

신진대사와 자율신경 조절 등 내부 차원에서도 생존을 위한 기능이 개발된다. 특수한 보호 기제나 방어 전략처럼 개체는 자기 생존을 위해 필요한 전문 능력을 개발해 적응력을 키우고 유지한다. 하지만 그런 전문성 개발을 위해 내부 구조를 새롭게 형성하라는 외부의 압력이 커질수록 애초에 그 생명체가 건강을 지키도록 형성되었던 내부의 자율 기제가 효율적으로 단련되지 않고 제대로 작동하지 않을 위험이 크다.

고도로 특수화된 생명체일수록 특정 질병에 더 취약한 이유가 이 때문이다. 자연적인 진화 과정에서 이러한 결함 은 철저하게 특화된 수많은 생명체가 상호작용하고 협력 하고 공생하는 공동체를 이룸으로써 상쇄된다. 따라서 자 생하는 생태계 안에서는 특화된 생명체도 건강을 지킬 수 있다. 숲, 초원, 갯벌 등이 그러한 생태계다.

하지만 우리 인간이 반려동물이나 가축 혹은 식물을 나 름대로 키우는 과정에서 일정한 선택을 통해 특수화를 시 도한다면, 그렇게 탄생한 고도로 특화된 동식물은 자가 치 유력에 결함이 있을 수밖에 없다. 그 결과 그들은 병에 잘 걸린다.

생태계에서 가장 특수한 다세포 유기체는 우리 인간의 몸이다. 인간의 몸은 다른 생물들과는 극도로 다르게 특화 된 세포들로 구성된다. 모두 수정란에서부터 자기 조직화 적 분화 과정을 거친 세포들이다. 폐세포, 간세포, 피부세포 등 하나하나가 모두 특화된 개체다. 하지만 동시에 서로 연결되어 있으며 서로 의존한다.

더불어 인체에는 세포 수보다 훨씬 많은 수의 미생물이 존재한다. '마이크로바이옴Microbiome'이라고 불리는 이 미생물 군단은 주로 장과 피부에 분포하며 우리 생존에 꼭 필요한 특수한 작업을 수행한다. 이러한 유기체 집단끼리의 연결 없이 특화된 신체세포만 오롯이 살아남을 방법은 없다. 각각의 유기체가 각자의 방식으로 상호작용하는 가운데 그들이 몸담은 전체 '생태계', 즉 인간의 신체는 생존 가능하고 건강한 상태로 유지된다.

하지만 이런 자가 치유력이 제대로 발휘되려면 서로 다르게 특화된 세포들이 연결된 상태로 상호작용하고, 상호 영향력을 미치는 과정에 아무런 장애물이 없어야 한다. 그래야만 세포와 기관에 의해 수행되는 다양한 활동과 능률이 서로 조율되고 전체 유기체로 통합될 수 있기 때문이다.

모든 세포와 기관은 정해진 목적을 정확하게 수행할 수 있게 특화되고, 그들의 활동은 상위 계통인 조절계에서 통합된다. 신경계와 호르몬계, 심혈관계와 면역계, 그리고 아마도 아직 그 통합적 기능이 충분히 연구되지 않아 결합 조직_{connective tissue}이라고 불리는 조직계 등이 이 상위 계통에 해당된다.

이 통합 조절계는 우리 유기체 안에서 일어나는 과정들을 서로 조율하는 역할을 맡는다. 또한 우리 유기체 안에서 일어난 흐름이 어긋나거나 특정 부위에서 나타난 실조가 기능 이상이라는 형태로 모습을 드러내면 그것을 해결하기 위해 노력한다. 통합 조절계가 제 기능을 다 하는 한 우리 유기체는 건강을 지킬 수 있다.

식물에서 발달한 통합 조절계 특성은 인간의 그것과는 사뭇 다르다. 강장동물부터 곤충을 거쳐 척추동물에 이르는 진화 과정에서 발생한 다양한 동물 종들에는 저마다 개성 있는 통합 조절계가 있다. 그중 가장 독특한 성질 중 하나는 활동을 통제하는 중심 기관으로 등극한 뇌가 자율신경계, 내분비계, 면역계, 심혈관계의 상위 조절계가 된 것이다.

뇌라는 중추신경계는 몸이 보내는 신호뿐만 아니라 유기체를 둘러싼 생활 환경의 신호도 감각 자극으로 처리한다. 그래서 외부 세계에서 감지되는 변화에 맞춰 자율신경계와 호르몬계, 심혈관계와 면역계의 활동과 능률을 조절한다. 끊임없이 변화하는 세상 속에서도 건강을 지킬 수 있는 유기체가 되게 하는 것이다.

우리 인간의 손이 아직 닿지 않은 자연 속에서 생장하고 살아가는 동물에게서는 이런 통합 조절계의 특성이 도드라지게 나타난다. 통합 조절계가 운용하는 자가 치유 과정도 효율적으로 작동한다. 우리 인간에겐 평생 유연하게 학습할 수 있는 뇌가 있다. 우리의 뇌는 매우 정교해서 생활 환경의 변화를 감지하여 저장할 뿐만 아니라 그 내용을 복기할 수도 있다. 또한 살면서 겪은 새로운 경험을 이미 뇌에 새겨진 과거 기억과 뒤섞을 수도 있고, 나만의 경험뿐만 아니라 다른 사람에게서 전달받은 경험을 바탕으로 나만의 구상을 세울 수도 있다.

우리는 감각만으로 세상을 파악하는 동물들과는 달리, 나만의 구상을 세울 뿐만 아니라 그 구상을 토대로 내 삶과 타인과의 공존, 인간이 아닌 다른 생명체와의 공생을 계획한다. 모든 감각을 동원하고 집중력을 발휘하여 자기가 파악한 것이 옳은지 검증도 한다.

우리에게 일어난 일의 정체와 그로 인한 세상의 변화, 그리고 우리 삶에서 그 일이 갖는 중요도에 관한 우리의 구상이 옳은지 그른지는 그 일이 실제로 일어났을 때, 즉 실감할 수 있는 현실이 될 때에만 검증이 가능하다. 우리 인간은 문제 해결을 위한 메커니즘을 타고나지 않는다. 유전자에 각인된 일정한 행동 방식도 없다. 그러므로 학습 가능한 뇌를 이용해 삶이 어떻게 작동하는 것인지를 알아내는 수밖에 없다. 그래서 인간은 아주 어린아이일 때부터 인생 탐구를 시작해 평생토록 멈추지 않는 게 정상이다.

하지만 삶에서 무엇이 중요한지에 관한 나름의 구상을 자기 뇌에 새기는 일은 항상 위험이 따른다. 한번 뇌에 구상이 들어앉으면 혼자서든 다른 사람과 함께든 간에, 어쨌든 그 구상을 따라가게 마련이다. 그렇게 구상은 우리의 지향점이 되어 우리의 생각과 감정, 행동을 일정한 방향으로 조종한다. 그러면 우리는, 심리적 욕구는 물론이고 신체에 이상이 나타났을 때 그것을 알리기 위해 몸이 뇌에 보내는 신호까지도 억제하고 무시하게 된다.

우리의 뇌는 더 이상 그 신호에 반응하지 못한다. 통합 조절계를 활성화시켜 신체 이상이 해결되도록 몸을 조절하지도 못한다. 그로써 스스로를 치유하는 유기체의 능력도 사라진다. 이런 상황에 맞닥뜨린 세포와 기관들은 이미 생긴 실조를 해결하고 안정시키기 위한 방안을 자력으로라도 찾으려 한다. 하지만 그렇게 찾아낸 해결책은 유기체 전체 건강을 유지하는 데 알맞은 방법이 아니다. 따라서 우리 몸은 조만간 병이 든다.

부유해져도 아픈 우리

우리 안에 내재된 자가 치유력이 세포와 기관 간의 상호작용에서 생긴 이상을 해결하지 못할 때, 다시 말해 몸에 생긴 불균형을 해소할 수 없을 정도로 약해지면 병이 든다. 처음부터 충분치 못한 자가 치유력을 가지고 태어난 것이 아니다. 살면서 약해진 것이다.

상위 중추신경계인 뇌가 세포와 기관이 조화롭게 기능하도록 조절하는 자율신경계, 호르몬계, 심혈관계, 면역계를 조정하고 통제하는 능력을 심각하게 훼손당하면 자가 치유력은 약해진다. 우리 뇌에 실조가 생기고 해결되지 않으면 그런 문제가 생긴다. 뇌의 전반적인 기능을 관장하여 한 사람의 생각과 감정, 행동을 결정하는 구상이 신체 건강을 유지하는 데 반드시 필요한 감각과 욕구에 어긋날 때 실조가 생긴다.

자기 몸이 마치 기계처럼 정확하게 작동해야 하고, 쓰임새에 맞게 최적화될 수 있으며, 가끔 고장이 나도 수리

될 수 있다고 여기는 것도 실조를 일으키는 구상에 속한다. 그런 확신을 가지면 몸이 뇌로 보내는 신호에 신경 쓰지 않는다. 따라서 몸의 신호를 느끼지 못할 뿐만 아니라, 심지어는 적극적으로 그 신호를 외면하고 덜 오도록 억제한다. 이런 사람은 신체 기능에 이상이 발생하더라도 알아차리지 못하거나 너무 늦게 알게 된다. 그래서 자기 안에 잠재된 자가 치유력이 미미하게 발휘되거나 아예 발휘되지 않는다. 몸의 신호에 둔해진 감각이 예민함을 회복해야 해결될 문제다.

하지만 사람들이 경쟁과 성과 스트레스에 시달리는 현재 상황에서는 회복이 그리 간단하지만은 않다. 대부분의 사람들이 경쟁 없이는, 그리고 경쟁 논리에 따라 잘 적응하려는 개인의 선택 없이는 더 이상의 발전이 불가능하다는 지난 세기의 구상을 내면화하고 살아가고 있다. 이 구상은 다윈의 진화론에서 비롯되었으며, 때문에 그들은 경쟁을 확고부동한 생물학적 원리로 여긴다.

이 구상이 뇌에 너무 확실하게 자리 잡은 나머지, 그들은 다른 사람보다 성공하기 위해서라면 무엇이든 할 준비가 되어 있다. 그들에게 '성공'이란 부와 권력, 영향력을 획득하고 유지하는 것이다. 일단 성공이라는 목표에 도달해야만 행복해지고, 자기 인생을 주도할 수 있으며, 욕구를 충족하고 건강도 지킬 수 있다는 확신이 그들의 열의를 뒷받침한다.

하지만 이 또한 하나의 구상에 불과하다. 때마침 조건에 부합해 사회에 널리 퍼졌고, 삶에서 무엇이 중요한지 매력적으로 보여준 그림이기에 세대를 넘어 후손에게까지 전달된 것뿐이다. 이를 목표로 삼아 다른 사람들보다 더 큰 성공을 거둔, 그래서 재산과 권력과 영향력을 획득한 사람들이 생겨난 것은 필연적이었다. 그들은 자신이 도달한 더 높은 지위를 후손에게도 물려주려 온갖 노력을 다한다. 한 사회에서 권력과 영향력을 손에 쥔 사람들이 자신들에게 성공을 허락한 상황과 환경, 조건을 가능한 한 오래 유지하는 데 지대한 관심을 두는 것도 이 때문이다.

그들은 또 다른 성공을 위해, 필요하다면 가끔은 개혁까지도 감수한다. 그렇지만 각자가 구축한 사회적 관계 구조와 자기 지위를 보장하는 기존의 위계질서를 완전히 뒤집는 근본적 개혁에 대해서는 또 엄청나게 불안해한다.

그래서 기득권 세력들은 신의 피조물은, 사회적 지위는, 인간의 본성은 근본적으로 변할 수 없다고 기정사실화하는 이론을 열성적으로 지지하고 퍼뜨린다. 그들은 신의 의

지나 자연 질서에 따른 선택이나 유전적 기질이 표현된 결과가 바로 현재의 질서라고 합리화한다.

구성원 대다수가 그 구상의 유효성을 확신하고, 그것을 바탕으로 생각하고 느끼고 행동하는 것은 물론이고 자기 삶을 포함해 타인과의 공존을 모색하는 한 이 결정론적 이론은 사회 안에서 생명력을 유지할 수 있다. 모든 것이 지금 그대로 유지되어야만 하고, 유지될 것이라고 믿는 한 바뀔 수 있는 것은 없다. 이렇게 생각하는 사람에게 중요한 것은 오직 하나. 나름의 방식으로 성공을 추구해 가능한 한 많은 것을 이루는 것뿐이다.

여전히 많은 선진국 사람들의 머릿속에는 이 구상만이 가득하다. 오늘날 산업화 국가들이 이처럼 번영하게 된 것도 이 구상을 내면화한 덕분이다. 그 결과, 어느덧 세계 모든 나라가 산업화 국가의 성공 비결을 지향점으로 삼고 있다. 성공을 우선시하는 구상이 전 지구적으로 확산되어 이 행성에 사는 사람들 대부분의 생각과 감정, 행동을 지배하고 있는 것이다.

이렇게 많은 사람이 성공과 성과를 위해 헌신하고 노력하고 투신한 덕분에 지식과 능력이 쌓이고, 발명과 발견이 이루어졌으며, 새로운 앎과 기술이 급격히 늘어났다. 생활은 안정되고 삶은 안락해지고 부유해졌다. 의료 시스템은 체계화된 네트워크로 변모했고, 보다 질 좋고 효과 높은 의료 서비스를 폭 넓게 선택할 수 있게 되었으며, 건강 관리에 있어서도 선제적 예방 조치를 취할 수 있는 범위가 넓어졌다.

예전엔 치명적 결과를 낳았던 많은 병들이 이제는 치료 가능해진 경우도 많다. 그렇다고 해서 사람들이 이전보다 더 건강해진 것은 아니다. 더 행복해지거나 인생을 더 긍정적으로 바라보게 된 것도 아니다. 더 부유해진 곳이라면 어디에서나 만성 질환자와 복합 질환자의 숫자가 계속 증가하고 있다. 그 이유를 딱히 설명할 수도 없다. 사람들을 병들게 하는 것이 부유함 그 자체일까?

아니면 부유함에서 비롯된 무언가가, 부유해지면서 생긴 생활 방식이 병을 만들어낸 것은 아닐까? 부와 행복, 만족이라고 부르는 것에 도달하기 위해 사람들이 추구하고, 나의 삶과 타인과의 공존을 모색하는 기반으로 삼았던 그 구상들이 오히려 사람들을 병들게 한 것은 아닐까? 혹시 사람들을 병들게 하는 구상이 따로 있는 것은 아닐까?

현실 수호자들의 착각

플라시보 효과라는 말을 많이들 들어봤을 것이다. 그렇다면 환자에게 새로운 생각을 일깨우는 일이 치료에 얼마나 도움이 되는지 이해할 수 있을 것이다. 의사가 특별한 효과가 있다고 처방한 알약을 먹은 환자들은, 실제로는 그것이 아무런 효과가 없는 위약이었는데도 불구하고 눈에 띄게 좋아졌다.

물론 정반대의 결과도 나타난다. 자신에게 병을 유발하는 어떤 물질이 투여되고 있다거나 그런 시술이 행해지고 있다고 믿는 사람들은 병에 잘 걸린다. 그런 믿음이 병에 걸릴 것이라는 상상을 불러일으키기 때문이다. 실제로는 아무런 영향을 미치지 못하는데도 말이다. 이른바 '노시보 Nocebo' 효과라고 하는데, 이 또한 오래전부터 다양한 연구를 통해 증명되었다.

그렇다면 혹시, 현실화되면 인생이 행복해지고 큰 성공을 거두고 건강해지리라 확신하지만 실제로는 그 때문에 병들게 되는 그런 구상도 있을까?

바로 앞에서 언급한 노시보 효과가 우리가 어떻게 생각하면 병에 잘 걸리는지 그 과정을 이해하도록 돕는 간단한 사례다.

　인간 유기체에는 자가 치유력이 있고, 그 능력은 유기체 전체를 관장하는 통합 시스템, 즉 자율신경계와 호르몬계, 심혈관계와 면역계에서 발휘된다. 이들의 활동은 대뇌 피질보다 발생학적으로 더 오래되고 뇌 안에서도 더 깊은 곳에 위치한 신경세포망에 의해 조절되고 통제된다. 이 신경세포망은 신체에서 일어나는 현상을 조절하는 역할을 한다. 우리가 무언가를 생각하고 고민할 때에는 관여하지 않는다. 그렇기에 악어에게도 이런 신경망이 존재한다.

　신경망의 개별 활동과 신경망들 사이의 상호작용에 아무 이상이 없을 때는 만사가 형통이다. 정상적인 상태에서 신경망은 몸 안에서 일어나는 모든 일을 가능한 한 조화롭게 유지하는 본분을 다하고, 혹시 어떤 이상이 발생해 실조가 생기더라도 다시 일관성을 회복한다.

　그런데 어떤 이유에서건 특정한 무언가가 나를 병들게 하리란 생각이 들고 그것을 굳게 믿게 되면, 뇌의 전면 상부, 이른바 전두엽이라 불리는 부위에 실조 상태가 퍼지게 된다. 그때부터 그곳의 신경세포는 전보다 훨씬 많은 열을 내기 시작한다.

　혼란이 가중될수록 에너지 소비는 늘어난다. 그리고 그

생각이 유지되는 동안에 혼란은 뇌의 더 깊고 넓은 영역으로까지 파고 들어가 끝내는 신체 기능을 통합적으로 조절하는 곳에까지 영향을 미친다. 그곳에 자리한 신경망이 혼란에 사로잡히면 본연의 역할을 충분히 해내지 못한다. 그러면 몸 안에서 일어나는 모든 조절과 통합 과정에 혼란이 가중된다.

정상적이라면 발휘되었을 자가 치유력이 효과를 발휘하지 못하고, 발생한 실조도 해결되지 않으니 병이 들 수밖에 없다. 다만 신체의 어느 부분이 제일 먼저, 그리고 가장 먼저 심각한 이상을 일으키게 되느냐는 각자의 체질, 병력, 그리고 감염에 특히 약한 부분, 이른바 '취약성'에 따라 차이가 난다.

말하자면, 특정 구상은 뇌 전체에서 자가 치유력을 활성화하는 데 방해가 되는 심각한 혼란을 야기할 수 있다는 뜻이다. 이런 통찰을 바탕으로 우리는 이제 삶에서 무엇이 중요한지에 대해 꽤 많은 사람들 뇌에 내재된 개념이 어떻게 실조를 야기하고 병을 일으킬 수 있는지에 대한 의문을 차근차근 풀어볼 수 있게 되었다. 이 과정에서 명심해야 할 것은 세상 사람들은 모두 두 가지 기본 욕구를 가지고 태어나며, 이 욕구들이 충족되지 않을 경우 뇌에서 아주 심각한 실조가 일어난다는 사실이다.

　두 가지 기본 욕구 중 하나는 애착과 결속을 향한 욕구이고, 다른 하나는 자기 결정과 자주성 그리고 자유를 향한 욕구이다. 이런 심리적 욕구 외에 신체적 욕구도 있다. 신체적 욕구가 채워지지 않을 때 우리는 허기와 갈증, 수면 및 휴식 부족 혹은 운동 부족 및 육체 피로 등으로 인한 고통을 겪게 되며 이 또한 뇌에 심각한 혼란을 야기한다.

　예를 들어, 직장 상사나 고객이 만족하도록 자신에게 주어진 역할을 최대한 훌륭하게 수행해서 되도록 큰 성공을 거둬야 한다는 구상에 사로잡힌 사람이 있다고 해보자. 그 사람의 뇌가 일관성을 유지할 수 있을까? 가령 그는 배가 고플 때가 아니라 업무를 보다가 시간이 허락할 때나 밥을 먹는다. 피곤할지라도 수면을 취하지 않는다. 그에겐 언제나 끝내야 할 일이 있기 때문이다. 쉴 틈도 없고 운동량도 부족하지만 몸이 좋지 않다는 느낌도 없다. 자신의 신체적 욕구 따위는 간단히 무시하거나 심지어는 아예 감지되지 않을 정도로 억누른다. 그러는 동안 그의 뇌에서는 실조가 계속 일어나고 점점 신체 기능 조절을 담당하는 영역으로까지 퍼져나간다. 그리고 마침내 조절계에까지 혼란이 야기되면 병이 생긴다.

경쟁은 자연법칙이며, 그래서 다른 누구보다 더 잘, 더 빠르게, 더 효율적으로 일하는 것이 삶에서 가장 중요하다고 굳게 믿는 사람일수록 자신의 신체적 욕구를 억제하는 일에 능통하다. 이런 사람들에게는 뇌에 실조를 가중시키는 문제가 하나 더 있다. 경쟁은 애착과 정반대 지점에 있다. 경쟁은 사람들을 연결하는 끈을 기필코 끊어놓고, 자신에게 득이 된다면 기꺼이 타인을 희생시킬 수 있는 각개전투병으로 만든다.

내면 깊은 곳에서 애착을 향한 욕구를 억누르는 데 성공한 사람만이 최고의 자리를 둘러싼 경쟁에 가담할 수 있다. 그렇다고 욕구가 아예 사라진 것은 아니다. 드러나지 않도록 눌러놓았을 뿐이다. 그 결과, 뇌의 서로 다른 영역 간의 상호작용에 불균형이 발생한다. 한번 발생한 불균형은 계속 이어지며 쉽사리 제거되지 않는다. 남들보다 더 성공해야만 된다는 생각에 사로잡힌 채 자기 삶을 꾸리고 타인과 함께 살아나간다? 어찌 보면 병이 드는 것도 당연한 일이다.

한 사람의 머릿속에 깊이 뿌리내려 그 자신과 인생을 근본적으로 변화할 수 없도록 방해하는 구상이라면 어떤 것이든 문제가 있고 건강에 해롭다.

사랑하는 신이 이렇게 창조해서, 자신의 유전 형질이 이렇게 조합되어서, 엄마 아빠가 나를 이렇게 키워왔기 때문에 지금 모습 그대로가 나 자신이다. 이렇게 믿는 사람은 그렇게 조형된 자기 인생과 상태를 스스로 바꿔볼 엄두를 내지 않는다.

하지만 우리 모두가 살아가는 현실 세계는 끊임없이 변하고 있다. 그러므로 우리도 살아 있는 한 계속 변해야만 한다. '현실 수호론자'들이 현실 세계에 적응하기가 힘든 이유가 이 때문이다. 세상은 점점 더 많이, 더 빠르게 변해간다. 그들의 구상은 점점 더 많이 현실 세계와 어긋난다. 그럴수록 뇌에 발생한 실조는 더 심각해지고 만연해져서 끝내 그들을 병들게 한다.

이제 안개가 걷히고 모든 것이 선명해졌다. 경제적으로 번영하고 부가 증가한 모든 나라에서 만성 질환자와 복합 질환자의 수가 증가한 이유를 이제 알 수 있다. 딱히 설명할 길이 없어 보였던 그 이유를 이제는 분명히 말할 수 있다. 사람들을 병들게 하는 것은 부富 그 자체가 아니다. 그 부를 쌓을 수 있게 한, 그리고 적어도 지금까지는 그것을 유지할 수 있도록 한 저들의 구상이다. 수많은 사람이 지금껏 좇았고, 전 세계적으로 점점 더 많은 사람이 따르려고 마음먹은 바로 그 구상. 그것은 지금 우리가 건강을 지키는 데 필요한 생각과 정반대 지점에 있다.

5장

우리의 치유력을

강하게 하는 것은

세상이 모두를 위한 낙원이라면 얼마나 좋겠는가. 혹은 천국이 이 땅에서 이뤄진다면 얼마나 좋겠는가. 입만 벌리고 있으면 하늘에서 치킨이 뚝 떨어지는 게으름뱅이들의 천국도 좋겠다. 누구나 동경하고 꿈꾸는 그 세상에서는 불행과 골칫거리, 질병이 없는 대신 심장을 뛰게 하는 신나는 일만 가득하면 좋겠다.

하지만 걱정거리 없고, 우리 머릿속의 불화를 일으키는 혼란 없는 세상을 아무리 간절히 바란들 살아생전 우리는 볼 수 없을 것이다. 삶 전체와 모든 생명체는 한번 정해진 모습으로 남아 있는 것이 아니라, 끊임없이 새로운 것과 뒤섞여 새롭게 스스로 재정비하고, 그 과정에서 어떻게 변해야 새로운 환경에 적응할 수 있는지를 찾아낸다. 이것이 삶과 생명체가 가진 특징이다.

메뚜기나 아네모네가 이 일을 어떻게 하는지를 알아차리기란 쉽지 않다. 그렇지만 숲에서 자라는 나무들은 저마다 독특한 외형을 통해 자신들에게 맡겨진 과제를 어떻게 수행했는지를 확실하게 드러낸다. 개중에는 생육에 적합하지 않은 환경에 적응하려 애쓴 나머지 덜 자라거나 휘어진 것도 있고, 버섯이나 해충에 습격당한 상처를 간직한 채로 자리한 것도 있다.

우리 인간도 마찬가지다. 다만 인간의 경우 건강 유지를 방해하는 것은 바람이나 날씨, 잘못된 입지 같은 것만이 아니다. 우리를 병들게 하는 여러 요인 중 가장 큰 문제는 다른 사람에게 거절당하거나 존중받지 못하거나 사랑받지 못할지도 모른다는 불안이다. 그런 불안에 시달리는 것이 너무 괴로운 나머지 누구 할 것 없이 우리는 스스로를 뒤틀어서라도 다른 사람의 기대에 닿으려고 한다. 불안이 사라질 때까지 자신의 욕구를 억누른다. 그러는 동안 인생에서 무엇이 가장 중요한지에 대한 나름의 구상이 생긴다. 혹은 소중히 여기는 사람의 구상을 고스란히 물려받아 내 것으로 만들 때도 있다.

이런 구상들 중에는 우리에게 유익하지 않은 것도 있다. 물론 처음에는 그것을 가려내는 것이 어렵겠지만. 우리가 행복하고 건강하게 사는 데 필요한 것들과 어울리지 않는 것도 있다. 그런 구상들이 뇌에서 일으킨 실조는 아무리 노력해도 완전히 그리고 영구적으로 해소되지 않는다. 그로 인해 신체 조절을 담당하는 뇌 영역에 혼란이 거듭되면 자가 치유력이 제 기능을 다하지 못해서 병들게 된다. 그러니 자가 치유력을 회복하기 위해서는 무엇이 우리를 불안하게 만드는지를 면밀히 파악해야 한다. 불안을 이해하고 사라진 신뢰를 회복하는 데 성공하면 우리를 아프게 하는 여러 구상과도 이별할 수 있을 것이다.

불안을 이해하다

불안은 뇌에 실조 상태가 급속도로 퍼져나가기 시작해서 뇌의 깊은 곳에 오래전부터 자리 잡고 있던 신체 기능 조절 영역을 장악하면 생기는 감정이다. 자극에 대한 즉각적 반응이라기보다는 오랜 시간에 걸쳐 서서히 진행되는 하나의 과정이다. 시작은 예기치 못한 사안을 인지했을 때 생기는 가벼운 혼란이다. 그다음으로 이제 무엇을 해야 할지, 어떻게 해야 할지 알 수 없기 때문에 마음이 동요한다. 그리고 이 위기 상황을 벗어날 길이 없다는 게 점점 더 분명해질수록 무력감과 무능감이 솟아오른다.

하지만 사람이 자기가 그저 살짝 혼란스러운 정도인지 혹은 이미 내면의 동요가 시작되었는지, 아니면 완전히 무력해졌는지를 언제나 분명하게 파악하고 의식할 수는 없다. 감정의 전이는 물 흐르듯 연결되며, 그 감각을 말로 표현하기 어려울 때도 많다. 일반적으로는 손실된 일관성을 회복하려는 시도가 여러 번 쌓여야 그러한 감각도 살아난다.

따라서 불안은 언제나, 그리고 근본적으로 내면에서 일어난 주관적 사건의 표현이다. 주관적으로 감지되는 불안은 신체 반응이나 행동 방식으로 드러날 때에만 객관적으로 측정된다. 불안은 자동적으로 혼란, 동요, 무력감 등을 낳는다. 사람은 이런 경험을 말로 설명할 수는 있지만 인지적으로 조절할 수는 없다. 자기 내면에서 일어나는 현상이라도 그 사람이 그 감정에 영향을 미칠 수는 없다. 오히려 불안을 경험한다는 사실에 신경 쓰다 보면 그것이 야기한 신체 반응이 더 강하게 느껴진다. 그러면 자기 몸에서 일어나는 반응 때문에 더 큰 불안을 느끼는 사람도 있다.

모든 것을 통제할 수는 없다

그렇지만 해방감은 뇌가 불안으로 인식하는 일관성 없는 상태가 저절로, 혹은 운 좋게 우연적으로 발견한 해결책을 통해 보다 일관된 상태로 되돌아갈 때 의식적으로 경험된다. 그럴 때 우리는 '머리가 돌아간다'고 느낀다. 그때까지 전두엽을 '각성'시키며 머릿속을 휘젓던 혼란이 진정된 다음에야 비로소 실제로 일어난 일을 실감하며 생각을 할 수 있게 된다.

불안의 원인, 적어도 그것을 유발한 요인을 판별할 여유도 일단 뇌가 어느 정도 일관성을 회복한 후에야 생긴다. 그제야 치명적 위기감을 떨쳐내고 거기서 비롯된 불안을 어떻게 잠재웠는지, 그 과정에서 무엇이 도움이 되었는지를 파악하고 이해할 수 있다. 불안이 머릿속을 장악한 상태에서는 무언가를 깨닫고 학습하는 과정이 일어나지 않는다는 뜻이다. 적절한 해결책은 두려움을 극복하고 난 상태에서 보이기 시작한다.

실조 상태를 다시 안정시키는 데 적용되고 실행되어 성공을 거둔 모든 방법은 활성화된 뉴런 회로를 통해 뇌에 깊이 각인된다. 불안을 몰아내고 위협적인 상황을 돌파해낸 경험이 이른바 '보상중추'*의 활성화를 유도한다. 그러면 어린 돌기의 발육 및 신경세포 간 새로운 연결을 촉진하는 신경 전달 물질과 성장 호르몬이 분비된다. 하지만 먼저 불안을 겪지 않으면 그것을 극복하는 방법은 물론이고 비슷한 위험을 피하거나 위기를 적절하게 모면하는 방법도 배우지 못한다. 그래서 우리는 불쾌하더라도 불안을 아예 건너뛰고 살 수는 없다.

그렇다고 우리가 계속 불안하게, 즉 계속 실조 상태로 살 수는 없다. 그 상태에서는 너무 많은 에너지가 소비된다. 그래서 뇌의 내부 구조와 조직을 유지하는 데 충분한 에너지가 공급되지 못하면 건강한 신체를 유지하는 것에도 장애가 생길 수 있다. 그럴수록 우리 유기체 전체에 불균형이 확산된다. 그러면 결국 우리는 소멸하고 만다. 우리의 구조를 구성하던 에너지는 다시금 우주에 균일하게 배분된다.

만약 우리가 모든 것을 통제할 수 있다면, 상상하고 바라는 대로 우리의 미래를 만들 수 있다면, 미래에 일어날

---

*   Nucleus accumbens. 측좌핵이라고도 하며 동기 및 보상과 관련된 정보를 처리하는 뇌의 보상 체계로서 자극을 받으면 도파민을 분비한다.

모든 일을 정확하게 예측할 수 있다면, 우리가 사는 내내 겪는 모든 어려움과 문제와 위협에 대해서 최적의 해결책이 항상 준비되어 있다면 어떻게 될까? 아마도 우리에게 미래는 없을 것이다. 그저 모든 것이 우리의 계획과 예측대로 흘러갈 뿐이고, 만사가 우리의 통제대로 이루어질 것이다. 달 여행에선 그게 가능할지 몰라도 지구 위에 발 딛고 사는 우리 인생에서는 불가능한 일이다. 살아 있는 모든 것은 오로지 살고 자라고 번식하는 것만으로도, 영양분을 섭취하고 필요 없는 나머지는 배설하는 것만으로도 그들이 살아가는 세상을 필연적으로 바꾸게 되어 있다. 그것이 생명체의 기본 특성이다.

인간처럼 자기 생활 환경을 이리저리 심각하게 바꾸고, 자기 구상대로 조성할 능력을 갖춘 종은 없다. 그렇기에 자신이 불러온 변화에 끊임없이 적응하도록 스스로에게 압박을 가하는 종도 인간밖에 없다. 우리는 자기가 사는 세상에 스스로 일으킨 모종의 변화로 인해 불안을 느낀다. 그로 인해 발생한 혼란을 어느 정도 안정시킬 해결책을 찾을 때까지 불안은 늘 우리와 함께한다.

그런 불안이 실제로 일어난 위협적 사건 때문인지, 아니면 어떤 위험이 생길지도 모른다는 막연한 상상 때문인지는 중요하지 않다. 두 경우 다 뇌 깊이 퍼진 실조가 명확하게 표현된 결과다. 우리가 자력으로든 타력으로든 간에, 혹은 모든 것이 잘되리란 믿음에 기대든 간에 한번 생긴 불안을 해소하는 데 적합한 해결책을 찾을 수 없는 환경에 놓일 때 그 혼란은 더욱더 가중된다.

　사람이 불안이나 공포에 직면했다고 해서 그 즉시 정신을 놓아버리는 것은 아니다. 거대한 혼란으로 인해 상위 영역의 정교한 연결망이 붕괴되면 하위의 좀 더 간단하고 안정적인 영역이 통제권을 물려받는다. 그럴 때 사람은 오래전 유년기에 확립한 행동 방식을 소환한다. 어떤 사람은 소리를 지르고 식탁을 주먹으로 내리친다. 문을 걸어 잠그는 사람도 있다. 그래도 소용이 없으면, 그래서 머릿속의 혼란과 그로 인한 불안이 점점 더 커지면 결국 뇌관이 핸들을 잡는다. 그곳에 아주 오래전부터 안정적으로 뿌리 내린 신경회로는 일종의 응급 반응으로 공격을 시도한다. 그래도 안 되면 회피하고자 한다. 이런 수도 통하지 않으면 무기력한 마비 상태가 된다.

잃어버린 신뢰를 회복할 수 있다면

악어의 뇌에도 이런 응급 프로그램은 있다. 인간의 뇌가 악어 수준으로 추락하는 것을 막으려면 직면한 위협 때문에 잃어버린 신뢰를 회복해야 한다.

우리 인간에게 신뢰를 주는 원천은 크게 세 가지다. 그로 인해 우리는 어려운 상황 속에서도 냉철한 이성을 회복할 수 있다. 심각한 실조로 인해 뇌에서 엄청나게 소비되는 에너지를 원래대로 줄일 수 있다. 이 신뢰의 원천은 다리가 세 개 달린 의자로 표현할 수 있다. 한 다리만 빠져도 그 위에 앉은 사람은 바닥으로 내동댕이쳐진다.

첫 번째 다리는 자신감이다. 어떤 문제가 발생했을 때, 과거에 비슷한 상황을 맞닥뜨려 훌륭하게 해결해본 경험이 있다면 그때 그대로 하면 된다. 그렇게 하면 불안은 사라진다.

유년기부터 여러 가지 문제를 스스로 해결하고 갖가지 위기 상황을 적절한 행동 방식으로 극복해본 경험이 있는 사람은 불안에 대처하는 방법이 폭넓다. 이 때문에 자신감이 넘친다. 하지만 어릴 때부터 부모나 선의로 무장한 다른 도우미들이 나서서 문제와 어려움을 해결해준 사람은 그런 걸 배울 새가 없다. 그러므로 불안을 일으키는 현혹자들의 메시지로부터 사랑하는 자녀를 보호하고 싶은 사람이라면, 아이들이 끊임없이 새로운 위기와 맞닥뜨릴 수 있도록 해야 한다. 단 위기의 수준이 아이들 스스로 극복할 수 있거나 약간의 도움만 받아 대처할 수 있는 정도여야 한다.

아이들, 청소년들, 그리고 다 큰 어른들도 이론이 아니라 실전에서 직접 경험한 것을 통해서만 위기 상황에 필요한 지식과 자신감을 획득할 수 있다. 하지만 무슨 수를 쓰더라도 벗어날 가능성이 전혀 없는 문제와 맞닥뜨리면 지금까지 쌓아온 것으로 이 위기를 해결할 수 있으리라는 믿음이 깨진다. 그리고 대부분은 그 상태가 지속된다.

부모가 통제할 수도 개선할 수도 없는 것을 두려워한 나머지 절망과 무력감으로 반응하는 것을 지켜본 아이들도 마찬가지다. 마음속 신뢰가 깨진다. 그런데 오늘날 얼마나 많은 아이가 끊임없이 다투고, 서로에게 상처를 주고, 그러다 어느 순간 곤혹스러워져 서로에게서 도망치고 헤어지는 부모의 모습을 무기력하게 지켜보고 있는가.

늘 불안해하고, 타인과 함께하는 삶에 대해서 단 한 번도 매끄러웠던 적이 없던 부모 밑에서 자란 아이라면 자신에게 부모와 다른 능력이 있을 것이라고 믿을 리 만무하다. 따라서 자라나는 아이들에게 무엇보다 필요한 사람은 말만 번지르르한 위인이나 간섭 많은 헬리콥터 부모나 문제를 회피하는 겁쟁이가 아니라 충만한 사랑으로 삶의 여정을 함께해줄 든든한 동반자다.

하지만 때론 아무리 굳센 의지로 최선을 다해도 해결할 수 없는 문제가 있다. 그런 건 다른 사람과 힘을 모아야 해결할 수 있다. 다만 힘을 모으려면 일단 주변에 나를 도와줄 친구와 가족이 있다는 것을 믿을 수 있어야 한다. 이것이 의자의 두 번째 다리다.

세 번째 다리는 혼자서는 물론이고 다른 사람과 힘을 모아도 해결할 수 없는 속수무책의 위험을 맞닥뜨렸을 때 필요하다. 그럴 땐 모든 게 괜찮아지리라는 믿음만이 도울 수 있다. 그런 면에서 이 세상 혹은 우주, 아니면 그 어디에서라도 나의 생명을 지켜주고 보호해주는 어떤 존재와 연결되어 있다고 믿을 수 있는 사람은 부러운 존재다. 막연하게 들릴 수도 있지만 '괜찮아, 다시 다 잘될 거야'라는 마음가짐은 불안을 대처하는 데 엄청난 위력을 발휘하는 신뢰의 원천이다. 자기에 대한 신뢰는 물론이고 타인에 대한 신뢰 또한 이 믿음을 바탕으로 하기 때문이다.

우리 인간은 뼛속 깊이 사회적 존재이고, 다른 사람들과 어우러진 안정적인 공동체 안에서만 우리 안에 내재된 잠재력을 발휘할 수 있다. 혼자 남겨졌다는 것만큼, 공동체에서 소외되었다는 것만큼 우리를 불안하게 만드는 일은 없다. 그런데 우리가 대상(목표물)으로 취급될 때 바로 그런 일이 생긴다.

타인이 있는 그대로의 나의 모습을 충분히 인정하지 않고 받아들여주지 않을 때, 우리는 그들로부터 존중과 인정을 받고 소속되기 위해서 타인이 기대하는 바대로 되려고 한다. 이런 경험을 한 사람이라면 누구나 한 가지 해결책을 찾는다. 바로 적응하는 것이다. 적응이란 다른 사람의 기대를 채우기 위해 안간힘을 쓰는 것을 뜻한다. 이 과정에서 스스로를 대상화하며 주어진 역할을 떠안는다. 이러한 적응에 성공한 사람은 나름의 일관성 회복 방법을 찾은 셈이다.

아니면 다른 사람을 자기 목표와 기대, 지시와 평가, 조치와 명령의 대상으로 만드는 법을 배운다. 이 또한 해결책이 될 수 있으며, 이 방법이 잘 통할수록 신경회로를 통해 담당 뇌 영역 깊은 곳에 각인된다.

이와 같은 해결책에 기댄 사람은 어린 시절에, 혹은 이

후 인생에서 가족이나 교사, 직장 상사나 동료, 심지어는 배우자로부터 하나의 인격체이자 주체적 자아로서 고유성을 존중받거나 인정받지 못했을 것이다. 지지를 받거나 수용되지도 못했을 것이다. 그런 고통스러운 경험은 그를 불안하게 만들었다. 그는 한 인격체로 존중받는 대신 타인의 목표와 기대, 지시와 평가, 조치와 명령의 대상이 되었다. 그로 인해 두려움이 생기고 상처를 입게 되었다. 주체로 존중받지 못하고 대상으로 취급된 인간의 존엄성은 심각하게 파괴된다. 그럴 때 뇌에선 육체적 고통을 겪을 때와 동일한 신경망이 활성화된다.

현상 유지라는 함정

우리 인간은 불안에서 벗어나는 길을 찾다가 길을 잃게 마련이고, 그러다가 빠져나올 길 없는 막다른 골목에 들어서기 십상이다. 이 사실을 여전히 많은 사람이 깨닫지 못하고 있다. 불균형 상태를 좀 더 일관성 있는 상태로 돌이키려는 새로운 시도는 언제나 오류에 빠지게 되어 있다. 이 점을 깨닫고 내가 완벽할 수 있다는 착각에서 풀려나면 더욱 겁이 나고 흔들린다. 그렇지만 우리는 이로부터 우리가 겸손이라 부르는 것을 배우고, 이후로는 실수로부터 교훈을 얻을 자세를 갖춘다. 어쩌면 우리 자신을 변화시킬 준비는 이 순간에 시작되는 건지도 모른다.

하지만 언젠가는 도달할 수 있다고 믿었던, 혹은 적어도 어느 정도는 근접할 수 있으리라고 믿었던 일관성을 포기하는 상상을 하면 더 큰 불안이 우리를 휘감는다. 그래서 우리는 모든 것을 원래대로 두고, 습관을 고수하고, 현상 그대로를 유지하려고 노력한다. 그런데 이 해결책에는 함정이 있다. 우리가 살고 있는 세상이 너무 빠르게, 너무 바뀌지 않아야 효과가 있다는 것이다.

세상은 빠르게 변하는데 현상 유지를 고집하다 보면 상황은 조만간 걷잡을 수 없이 악화된다. 우리는 어떤 일이 생각대로 흘러가지 않는다는 것을 깨닫고선 늘 하던 대로 세상을 돌이키려고 노력한다. 하지만 그 모든 것이 소용없다는 사실을 깨닫는 순간 불안의 나락으로 떨어진다.

6장

심신의 변화는

어떻게 이뤄지는가

신체 증상의 통합적 조절을 담당하는 중추신경계의 조절 메커니즘은 애초에 가정했던 것보다 훨씬 더 광범위하게 작동하여 자가 치유 과정의 억제와 재활성화에도 결정적 역할을 하는 것으로 밝혀졌다. 중추신경계의 통합적 조절 과정은 우리의 두뇌, 그중에서도 뇌간에 자리한 깊고 오래된 영역에서 진행된다. 하지만 태아기 뇌 발달 단계에서 이미 형성된 이 신경망과 제어 회로는 작동 과정에서 상위의 변연계 피질, 그중에서도 특히 전전두엽에 의해 교란된다.

따라서 환자가 자가 치유력을 회복하려면 그의 생각과 감정, 태도가 변해서 신체의 생생한 욕구와 일관성을 이루어야 한다. 그래야 뇌 깊은 영역에서 신체의 통합적 조절을 담당하는 뇌 신경망에 생긴 이상이 해결된다. 완전히 해결되지는 못하더라도 최소한 그 위세는 줄어든다.

뇌생물학적 관점에서 보자면, 유기체의 자가 치유력을

회복하기 위해 가장 우선시되어야 할 것은 억눌린 사고방식과 마음가짐을 바꾸는 일이다. 이 사고방식과 마음가짐은 전전두엽 피질에 자리 잡은 신경망과 시냅스 회로에서 비롯된 것으로, 발생학적으로는 뇌의 깊은 영역에서 신체 증상을 담당하는 신경망과 회로보다 나중에 형성된다. 그래서 한 사람의 억제된 자가 치유력은 그 사람이 잃어버린 무언가를 되찾는 것에, 혹은 끊어지거나 분리된 무언가를 다시 연결하는 것에 성공할 때에야 비로소 되살아난다.

좀 더 구체적으로 말하자면, 일관성을 회복하고 강화하는 경험이 허락되어야 한다. 아주 어린 시절에 경험했던 통일감, 유대감, 소속감, 창의성을 소환하여 이후 삶에서 겪었던 단절, 불일치, 몰이해, 무기력 등의 경험을 덮어야 한다.

일관성 회복 능력 체험

병리학Pathology은 사람을 병들게 하는 것이 무엇인지를 다룬다. 오래되고 주요한 의학 연구 분야 중 하나로 다양한 세부 분야가 있다. 반대로 온갖 유병인자에 노출되어도 건강한 비결, 병에 걸려도 유달리 빨리 회복하는 능력에 관한 연구는 불과 몇 년 전부터 시작되었다. 건강생성론Salutogenesis이라고 하며 사람을 건강하게 지켜주는 요인이 무엇인지를 다루는 연구 분야다.

이 분야의 창시자인 아론 안토노브스키Aaron Antonovsky는 유태계 미국인으로 사회학자이자 건강연구가이다. 그는 폭넓은 연구를 통해 남들보다 병에 덜 걸리는 사람들은 어떤 이유 때문인지, 병에 걸리더라도 남들보다 빨리 건강해지는 사람들의 남다른 비결이 무엇인지를 찾아냈다. 그것은 객관적 지표로 나타낼 수 있는 어떤 조건이 아니었다. 주관적으로 느껴지는 감각의 문제로 안토노브스키는 이를 '일관성 감각sense of coherence'이라고 했다. 일관성 감각이란 실제로 체득하고 경험하고 인식한 모든 것이 자신의 기대와 일치할 때 느끼는 개인적 감정이다.

완전한 일관성에는 모순이 없다. 충족되지 못한 욕구도, 어지럽고 혼란스런 마음도, 분리와 분열도 없다. 살아 있는 모든 것이 최종적으로 추구하는 상태다. 뇌는 무엇을 하든, 어떤 관계를 형성하든 간에 무조건 이 상태를 이루기 위해 노력한다.

하지만 앞서 말한 것처럼 이 이상적인 상태를 완전히

이루는 것은 절대 불가능하다. 모든 생명체는 본질적으로 외부 세계의 영향을 받도록 개방되어 있으므로 내부 질서는 끊임없이 외부의 간섭에 휘말릴 수밖에 없다. 그렇지 않다면 생명체는 환경의 변화에 반응할 수 없을 것이다. 변화를 해결하고, 변화에 저항하고 적응하는 법도 배울 수 없을 것이다. 그러므로 생명체 저마다에게 중요한 것은 완전한 일관성에 도달하는 것이 아니라 그것을 이루기 위한 과정을 밟아가는 것이다. 아론 안토노브스키가 '일관성 감각'을 좀 더 명확하게 '일관성 회복 능력 체험'이라고 표현한 것도 이 때문이다.

그 어떤 문제와 장애가 닥쳐와도 알맞은 해결책을 찾을 수 있고, 때문에 세상 그 무엇도 나의 내적 균형을 흔들 수 없을 것이라는 확신을 품은 사람들이 있다. 사는 동안 맞닥뜨린 다양한 문제와 도전을 해결하고 완수한 경험이 풍부한 사람들이다. 이들은 그런 경험을 통해 머릿속에 불균형이 생겨도 다시금 일관성의 상태로 전환할 수 있는 능력을 발달시켰다.

'일관성 감각'을 갖춘 사람은 부러움의 대상이 된다. 그들은 행복하고 건강하며, 즐겁고 경쾌하게 산다. 또한 평생 나름대로 꾸준히 발전하고, 그로 인해 끊임없이 기쁨을 경험한다. 나이와 무관하게 살면서 무엇이든 발견하고 만들면서 얻은 기쁨은 중뇌에 자리한 감정중추를 활성화시킨다. 상황에 알맞은 해결책을 발견할 때마다 이 중추는 기분 좋은 반응을 담당하는 모든 신경망을 자극한다. 그러면 온몸에 기쁨이 휘몰아친다. 특별한 날에는 감격이 들이닥친다. 문제에 대한 해결책을 발견함으로써 회복된 일관성이 체감 가능한 형태로 표현된 것이 바로 기쁨이다. 이런 감정을 자주 느끼는 사람은 자가 치유력이 강해지고 건강을 유지한다.

아무런 기쁨도 의욕도 없이 그저 익숙한 습관을 반복하며 살아가는 사람에게는 일어나지 않는 일이다. 혹은 자기 힘으로는 도저히 풀 수 없는 문제에 휘말린 사람에게도 마찬가지다. 자기 자신에게 무슨 일이 일어나고 있는지 이해할 수 없을 때, 자신을 괴롭히는 어떤 문제를 설명할 수도 해결할 수도 없다고 느낄 때, 인생의 어느 지점에 서 있든 자신이 한 모든 것이 부질없다는 생각이 들 때도 그렇다. 이런 식으로 삶을 꾸리는 것은 아론 안토노브스키가 연구를 통해 밝혀낸 건강한 삶을 위한 전제에 어긋난다.

건강생성론에서는 건강한 사람 혹은 건강을 금세 회복하는 사람, 그래서 자신의 가능성과 잠재력을 백분 발휘하며 사는 사람이 느끼는 감정은 다음 세 개의 근원에서 비롯된다고 한다. 먼저 자기가 속한 세계에서 무슨 일이 일어나는지를 정확하게 파악하는 '이해력'. 다음으로 이해한 것을 적용하고 구체화하는 '조형력'. 마지막으로 자신이 이해하고 설계한 것을 중요하다고 생각하는 '의미 부여 능력'이다.

나를 바꿀 수 있는 건 나뿐이다

아마도 이제 당신은 경제 논리로 점철된, 경쟁과 성과 압박이 뒤따르는 디지털화되고 세계화된 오늘날의 세상에서 이토록 많은 사람이 생의 기쁨을 잃고 점점 아프게 되는 이유를 이해하기 시작했을 것이다.

당신은 매일 저녁 뉴스를 보면서, 뉴스에 나오는 세상 모든 일들을 전부 이해할 수 있는가? 지구인의 일상을 위협하는 수많은 문제 중에 한 가지라도 당신이 직접 해결해 볼 수 있겠다는 엄두가 나는 것이 있는가? 당신이 매일 하는 일과 해야만 하는 일들은 얼마나 큰 의미가 있는가? 당신은 그런 일상을 얼마나 더 유지할 수 있을 것 같은가?

많은 사람이 인간을 아프게 하는 세상이 근본적으로 바뀌길 희망한다. 그래서 좀 더 인간적이고 생명력과 기쁨으로 가득한 세상이 되길 바라며, 그 안에서 확신을 가지고 의미 있게 살아갈 수 있기를 원한다. 우리의 공존이 좀 더 행복하고 활기차기를, 좀 더 진중하고 진실 되기를 바라며 좀 더 주변을 배려하고 책임감 있게 살 수 있기를 소원한다.

예나 지금이나 인간 스스로가 변한다면 이런 삶이 가능하리라 확신하는 사람들이 많다. 따라서 적절한 수단을 동원하여 이러한 소망의 실현을 가로막는 인간이란 종의 구성원을 바꾸려고 하는 시도가 계속되고 있다. 보상을 약속하고 제재를 예고하고 지원 프로그램을 가동한다. 하지만 지금까지 그 효과가 지속적으로 충분히 입증된 것은 하나도 없다. 그 노력이 선의에 의한 것이라 하더라도, 그런 식의 변화 대상으로 여겨진 사람들의 생각과 감정, 행동은 쉽사리 쭉 바뀌지 않는다.

일시적으로는 자신들에 대한 기대나 강요에 의해 따르기는 하지만, 압박이 느슨해지는 순간 예전으로 돌아간다. 그런 식의 방법은 통하지 않는다는 것을 깨달을 때가 되었다. 다른 사람을 바꾸는 것은 불가능하다. 각자 스스로가 변할 수 있을 뿐이다. 이 점에 있어서는 친부모도 배우자도 교사도 지도자도, 직장 상사는 물론이고 정치적 의사 결정자도 다를 바 없다. 씁쓸하긴 해도 이를 깨달아야 비로소 바뀔 수 있는 것들을 알아볼 수 있는 법이다.

한 인간이 가진 사고방식과 마음가짐뿐만 아니라 그의 행동, 즉 그가 무엇을 생각하고 말하고 결정하는지 등도 바뀔 수 있는 것에 포함된다. 그 모두가 한 인간이 소속과 독립 혹은 연대와 자유를 추구하는 과정에서 겪은 고통스러운 경험에 대한 해결책으로 생겨난 것이다.

타인으로부터 목표와 기대, 지시와 평가, 조치와 명령의 대상으로 취급되는 경험을 넘치도록 자주 한 사람은 거기서 비롯된 고통을 해결하기 위한 나름의 방법을 강구한다. 자신의 기본 욕구를 억누르거나 다른 사람의 제안을 거부하는 태도를 보이고, 그런 결정을 뇌 깊은 곳에 새긴다. 둘 다 웬만해서는 바뀌지 않는다. 오히려 다른 사람이 자신을 바꾸려고 시도할 때마다, 즉 자신이 변화의 대상이 될 때마다 그 해결책에 대한 믿음은 깊어진다.

이런 사람이 타인과의 관계에서 유익하고 새로운 경험을 할 수 있다면 변화에 도움이 될지도 모른다. 그렇다면 적어도 새로운 관계를 맺게 된 상대에게만은 태도가 바뀔 수 있을 것이다. 이러한 변화의 여정은 길다. 타인과의 공존에서 좋지 않은 경험을 하나씩 할 때마다 원래의 행동 패턴으로 회귀할 공산도 크다. 하지만 그 외에 다른 방법은 없다.

삶이 무엇인지, 자기 삶과 타인과의 공존에서 무엇이 중요하고 의미 있는지, 어떻게 생각하고 어떤 결정을 내려야 할지에 관해서도 마찬가지다. 뇌 깊은 곳에 새겨진 이러한 구상과 확신에도 같은 원칙이 적용된다. 이런 구상들은 개개인 스스로가 자기 머릿속에 쌓아올린 것이다. 자신이 성장한 환경에서 올바른 길을 찾는 데 크든 작든 도움이 된 생각들이다.

한번 확립된 구상과 확신이 새로운 생각으로 대체되려면 나만의 관점에서 기존의 것보다 훨씬 더 매력적이라 판단되고, 내 삶을 구성하는 데 쓸모가 있다는 확신이 들어야 한다. 끈질긴 훈계, 선의의 가르침, 압력이나 보상은 통하지 않는다. 마음속에 세상을 다른 눈으로 보길 원하는 욕구가 움터야 한다.

사랑받을 수 있다는 믿음

우리가 함께 사회 공동체를 이루는 다른 구성원들로부터 소외되면 신체적 고통을 느낄 때 활성화되는 뇌 신경망이 작동을 한다. 그러면 우리의 뇌는 고통을 느낀다. 이 사실을 이해하는 것은 매우 중요하다. 아무리 강조해도 지나치지 않다.

집이나 학교, 직장에서 있는 그대로의 내 모습이 '옳지 않다'는 판정을 받았던 아픈 경험이 있는 사람이라면 어떻게 해서든지 거기서 비롯된 고통을 억눌러야 한다. 오늘날 대부분의 성인이 이런 일을 그럭저럭 능숙하게 해치운다. 하지만 그 대가가 어떠한가?

사회적 고통을 억제하다 보면 필연적으로 어떤 신체적 이상이 생기게 마련이다. 몸에서 고통이란 형식으로 전달하는 신호를 뇌가 예민하게 감지하지 못한다. 더 이상 자기 몸을 제대로 느끼지 못하는 것이다.

어디가 아파도 더 이상 알 수가 없다. 사회적 소외 때문에 생긴 고통을 지나쳤던 것처럼 몸의 신호도 그저 무시해 버리는 데 익숙해진다. 뇌에서는 둘 다 똑같은 신호 패턴으로 감지되기 때문이다. 건강을 지키려면 몸의 신호에 반응해야 하는데, 끝끝내 어떤 신호에도 꿈쩍하지 않게 된다.

이제 이해할 수 있겠는가? 무너진 관계 속에서 살아가는 수많은 사람이 병들고, 골격에 변형이 오고, 비만이 되는 이유를? 어째서 그들이 자기 몸이 아프다는 것을 느끼지도 못한 채 병들게 하는 생활 습관으로 자기 건강을 망치는지를? 아무런 신호도 받지 못한 뇌가 몸에서 이상한 일이 일어나고 있으니 개선 작업을 해야 한다는 사실을 어떻게 알겠는가? 따라서 우리가 관계 맺는 문화를 개선하면 질병도 줄어들고 국민 보건 차원에서도 막대한 비용 절감 효과를 거둘 수 있을 것이다.

그렇다고 일생을 살면서 몸에서 뇌로 보내는 신호를 감지하지 못하도록 억제하는 법만 배우는 것은 아니다. 어른들이 이룩해놓은 사회 안이라고 할지라도 아이들은 자라는 동안 다른 경험을 할 수 있다. 안전과 보호에 대한 기본적 욕구가 충족되는 한, 아이들은 누구나 의욕 넘치는 탐험가이자 각자의 생활 환경을 끊임없이 확장시키는 창조자로서의 경험을 하게 된다. 이러한 새로운 학습 경험을 할 때마다 아이들은 이 세상을 좀 더 신뢰하게 된다.

자기가 깨우치고 개척하고 만들어낸 세계에서 아이들은 편안함을 느낀다. 그렇게 이 세상에 대한 소속감과 책임감이 자라난다. 아이들이 특정한 가정, 특별한 장소, 일정한 생활 공간이나 문화권에서 자랐기 때문에 이 세상을 자기 집처럼 느끼는 것이 아니다. 이들은 각자의 세계에서 적극적인 모험가이자 창조자이기 때문에, 그 세계에서 할 수 있는 무언가가 있기 때문에, 그곳에서 자기의 능력과 의미를 경험했기 때문에 친밀감으로 세상을 대하는 것이다.

하지만 이 감정이 침해받는 즉시 이들은 이 세상과 이곳 사람들을 편안하게 생각했던 지금까지의 생각을 의심하게 된다. 침해의 종류는 다양하지만 그 기본 성질은 동일하다. 아이가 타인으로부터 기대와 계획, 지시와 평가, 조치와 명령의 대상이 되었다고 느끼는 순간 관계의 끈은 끊어지고 이 세상을 집처럼 편안하게 생각하던 기분도 사라진다.

있는 모습 그대로 사랑받고 존중받고 수용되지 못하는 고통스럽고 걱정스러운 경험을 하는 아이들의 숫자가 점점 늘어나는 것은 불행한 일이다. 이런 경험에서 비롯된 아이들의 두뇌 실조 상태를 일관성 있는 상태로 되돌리기 위한 해결책을 찾아야만 한다.

아이들은 부모나 교사를 바꿀 수 없기 때문에 머릿속

혼란을 바로잡기 위해서 자기 자신을 바꾸려고 애쓴다. 그렇게 아이들은 활력의 욕구나 발견의 기쁨, 창조의 즐거움처럼 '성가신' 욕구를 억누르는 법을 배운다. 그로 인해 아이들의 뇌에서는 이런 욕구를 생성하는 영역마다 억제 작용을 하는 신경망이 발달한다. 이것이 성공적으로 발달할수록 아이들의 내면에서 활력의 욕구, 발견의 기쁨, 창조의 즐거움을 추구하던 충동은 점점 약해진다. 여기에 '동기-보상 중추'까지 끼어들어 충동이 거의 느껴지지 않을 때까지 활성화를 억제한다.

결국 아이들은 스스로 발견하거나 이루려고 하지 않게 된다. 대신 누군가가 발견하고 이루라고 말하고 지시해주기를 기다린다. 이런 식으로 자신만의 살아 있는 욕구를 번거롭고 귀찮은 일로 머릿속에 저장함으로써 아이는 보호자의 생각과 기대에 적응해나간다. 많은 경우 아이들은 그들에게 기대되는 바대로 묵묵히 기능한다.

자기 욕구를 너무 잘 억제한 나머지 자기가 성장하는 사회에 더없이 잘 적응하여 자신에게 기대되는 역할을 완벽하게 수행해내는 아이도 있다. 그런 식으로 사회에서 성공을 거둔 사례도 드물지 않다. 하지만 성공했다고 해서 괜찮은 것은 아니다. 그들은 본래의 생명력을 잃었다. 뇌의 최상위부는 아직 괜찮을지 몰라도, 그 아래에서 신체 조절과 자가 치유력을 담당하는 신경망은 영구적으로 실조 상태에 놓인다.

따라서 성장기 어린이와 청소년들이 그들이 맞닥뜨리는 도전을 귀찮고 번거로운 일로 인식하지 않도록 뇌를 보호할 수 있다면 건강을 지키는 데 엄청난 도움이 될 것이다. 하지만 놀랍게도 부모와 교사들은 이 일을 굉장히 힘들어 한다. 그저 그들을 믿는 아이들을 있는 모습 그대로 받아들이고, 아이들이 그들의 기대를 충족시킬 때에만 관계가 유지되고 제대로 된 사랑을 받을 수 있다고 믿게 만드는 일을 멈추게 하면 될 뿐인데도 말이다. 성장기 어린이와 청소년들은 조건 없이 사랑받을 수 있음을 실감해야한다.

나의 존엄을 지킨다는 것

다른 사람의 기대에 적응해야만 할 때, 적응에 장애가 되는 뇌 영역의 활성화를 무조건 억제하고 둔화시켜야 할 때, 그러지 않고서는 소속과 애착에 관한 기본 욕구를 채울 다른 길이 없을 때, 어린 시절의 생기와 활력, 호기심과 창의력은 사라진다. 그렇게 해서 성공 가도를 달릴 때는 그나마 일관성이 유지된다. 출세의 사다리에서 다음 계단을 오르려 꾸준히 노력하면 된다. 하지만 그 노력 때문에 부부관계가 깨지고, 자녀와의 유대가 깨지고, 갑자기 번아웃이 찾아와 몸이 아무것도 할 수 없는 상태가 되면 돌연 불안이 엄습한다. 뒤늦게 삶의 변화를 모색하지만, 정확히 무엇을 해야 할지 알 수가 없다.

그런 점에서 뇌생물학이 우리 인간의 뇌가 평생에 걸쳐 스스로 개조될 수 있음을 밝혀낸 것은 큰 도움이 된다. 평생 학습 가능한 뇌 덕분에 인간은 자기 인생을 아주 근본적인 부분까지 바꿀 수 있다. 단 자신이 원해야 가능하다.

사람들은 지금까지 해오던 것보다 변화될 행동이 자기 내면에 더 적합하다고 판단될 경우에만 습관을 바꾼다. 이전보다 더 활기차고 더 행복해질 것을 예상해야 노력을 기울인다. 하지만 자기 본성에 좀 더 적합한 행동, '자기 본질'에 꼭 들어맞으리라 판단되는 습관을 어떻게 찾아낼 수 있을까? 어떻게 하면 그간 모질게 억눌러왔던 욕구에 다시 접근하여 그것의 생명력을 성공적으로 발휘할 수 있을까? 그간 몸에 익은 행동 방식과 내면 깊은 곳에 단단히 자리 잡은 사고방식을 바꾸는 데 성공하지 않는 한 불가능한 일이다.

자기 자신과 다시 연결되기 위해서는 부조화를 야기하는 패턴에서 벗어나 그것을 해체해야 한다. 그래야 이미 유형화된 생각과 감정, 행동을 재구성할 가능성이 생긴다.

펠든크라이스 요법Feldenkrais Method이라는 것이 있다. 몸의 움직임을 통해 배움을 얻는 것으로 물리학자인 모쉐 펠든크라이스Moshé Feldenkrais가 창안했다. 그는 이미 1950년대에 신체 운동을 통해 자기 인식을 향상시킬 수 있다는 것을 깨닫고 인간 본성에 맞는 행동 패턴을 찾는 법에 대한 저서를 남겼다. 내면의 사고 깊이에 따라 변혁이 일어나고 그 과정이 알파벳 U자 곡선과 같다는 'U이론'의 창시자인 오토 샤머Otto Scharmer MIT 슬로안대학원 교수는 그 방법으로 '프레젠싱PRESENCE+SENSING'을 제안했다. 즉 존재 가치를 찾아야 한다는 말이다.

생물학에서는 모든 새로운 시작과 그로 인해 가능해지는 발전 과정을 '탈분화'라고 한다. 간세포를 아무리 누르고 당겨도 폐세포로 바뀌지는 않는다. 하지만 현재 분자생물학자들은 간세포뿐만 아니라 다른 분화된 체세포들이 탈분화를 통해 만능 줄기세포, 즉 발달 가능성이 여러 가지인 줄기세포로 변형되도록 유도하는 기술을 구사하고 있다. 이런 세포의 상태는 배아 발달 과정에서 고도로 분화되고 전문화된 체세포가 만들어지기 전과 유사하다. 만능 줄기세포가 된 다음에는 어떤 적합한 환경이 주어지느냐에 따라 다시금 고도로 분화된 세포, 가령 폐세포로 발달한다.

그렇다면 사람에게 자신이 원하는 바를 일깨워서 기존의 삶에 근본적 변화를 일으키게끔 하는 '탈분화 과정'은 어떻게 경험될까? 먼저 태어났을 때는 뚜렷했으나 살면서 점점 억누르고 떼어내고 잊으려고 애써왔던 자신의 욕구와 다시 대면할 기회를 가져야 한다. 우리 안에 내재된 발견의 기쁨이 그런 욕구 중 하나다. 창조의 욕망, 감수성, 개방성, 감정 이입, 그리고 무언가를 돌보고 책임지려는 욕구도 여기에 포함된다.

자기 욕구와 대면한 사람들에게 일어나는 일과 그 이후의 진행 과정은 결코 '변형'이 아니다. 그것은 '전환'이다. 건물이나 기계에는 변형이 생길 수 있지만 살아 있는 것에는 변형이 없다. 살아 있는 모든 것은 스스로 변한다. 즉 전환한다.

위기, 즉 기존에 설계한 인생을 뒤엎는 심각한 격변과

지금까지의 방식은 앞으로 통하지 않는다는 인식은 치유적 전환을 도모할 기회를 낳는다. 위기를 실감한 존재는 자기 머릿속에서, 그리고 타인과의 공존 속에서 지금까지 세워놓은 관계의 패턴을 근본적으로 해체한다.

하지만 이런 식의 대대적 해체 작업은 대단히 위험하다. 알맞은 해결책을 가지고 기존의 방식을 중단하는 것이 아니기 때문에 불가피한 과도기를 겪게 된다. 그리고 종종 우리의 몸은 그러한 전환을 방해하는 데서 과도기를 돌파할 해결책을 찾기도 한다. 그건 심장 발작일 수도 있고, 뇌졸중일 수도 있으며, 혹은 다른 신체 질환일 수도 있다. 그간 병을 키우는 행동으로 생존을 보장받아왔기에 그걸 중단하면 오히려 병이 생긴다. 뇌 역시 실조로 뒤죽박죽된 상황을 어느 정도 일관성 있는 상태로 되돌리기 위해 응급책을 쓸 수 있다. 그럴 때 우울증이나 정신 이상 혹은 정신과에서 정신 장애로 다루는 현상이 생긴다.

신체와 뇌의 이러한 응급책은 강도가 세고 파장도 크다. 따라서 위기를 통해 치유적 전환을 도모하는 것은 좋은 생각이 아니다. 이론적으로는 불가능한 일이 아니다. 사람들은 잿더미에서 불사신으로 변해 화려하게 부활하는 이야기를 사랑하지 않는가. 하지만 현실에서 그것이 성공하는 경우는 매우 드물다.

다행히도 심각한 인생의 위기를 겪지 않아도 내적 격변을 일으킬 수 있다. 경험을 통해 삶을 꾸리는 다른 방법이 있다는 것을 깨달으면 된다. 그 특별한 순간에 사람은 수년 혹은 수십 년간 억눌러온, 혹은 방해 신경회로로 몇 겹씩 꽁꽁 싸매놓았던 자신만의 욕구와 생생하게 대면하게 된다.

이 대면의 경험은 계획할 수도, 의식적으로 유도할 수도 없다. 어느 순간 문득 일어날 뿐이다. 때론 영화관에서, 때론 공연장에서, 때론 책을 읽다가, 종종 야외의 자연 속에서, 가장 흔하게는 다른 사람과의 감동적 만남을 통해서 일어난다. 한 인간의 삶에서 별처럼 빛나는 순간이다. 아주 오래전부터 경험하지 못했던, 그래서 거의 잊어버렸다고 생각했던 어린 시절의 행복했던 감각이 일순간 되돌아온다.

이런 경험을 하면 항상 존재했으나 그동안 감각하지 못했을 뿐이던 자신의 생명력에 압도된다. 생명력을 구체적으로 설명하자면, 상상 이상으로 자신을 행복하게 만드는 발견의 기쁨과 창조의 욕망이며, 자기 몸과 연결되어 있다는 훼손되지 않는 감정이며, 다시금 깨어난 관능이며, 그로 인해 넘쳐나는 삶의 즐거움이다.

이 모든 것이 한순간 다시 느껴지기 시작하면 감격한 나머지 갑자기 눈물을 흘리는 사람도 있다. 자신이 살아보지 못한 삶과 심리학에서 '내면 아이'라고 부르는 존재와 조우했기 때문이다. 어떤 사람은 이 경험에 너무 깊은 감동을 받은 나머지 다시 이전의 삶으로 돌아갈 엄두를 내지 못한다. 그들 안에서 되살아난 것을 그만큼 매력적으로 받아들인 것이다.

그들은 더 이상 예전의 방식으로 살지 못한다. 그들 내면에 일어난 전환을 환영한다. 그 어떤 대가를 치르더라도 그 과정의 일부가 되리라 마음먹는다. 마치 성경 속 사울이 사막 한가운데서 깊은 내면의 감동을 받은 후 바울이라는 완전히 다른 사람이 되어 세상으로 돌아온 것과 같다.* 이러한 깊은 내면의 감동은 행복한 전환의 기회를 선사하는 치유적 경험에 해당한다. 하지만 아쉽게도 이런 일은 잘 일어나지 않는다.

그렇기에 치유적 전환을 도모할 수 있는 방법이 하나

---

* 이는 〈사도행전 9장〉에 나오는 이야기로, 사울은 그리스도인을 체포하러 가는 길에 이적 행위를 경험하고 마음을 바꿔 사도를 자처하며 이름을 바울로 바꾸었다.

더 있다는 것은 우리 모두에게 행운이다. 심지어 당장 적용할 수 있고 지속적이고 효과적인 방법이다. 그곳으로 향하는 길은 무척 눈에 잘 띄는 곳에 있지만, 놀랍게도 그걸 발견한 사람은 매우 적다. 그 길을 이미 걷기 시작한 사람이 굳이 다른 사람들에게 그 길이 어디로 이어지고, 걷는 기분이 얼마나 좋은지를 굳이 알려줄 필요를 느끼지 못한 모양이다.

지극히 일반적인 말로 표현하자면, 이 길은 자기 삶의 창조자로서 자신을 다시금 인식하는 과정이다. 지금까지 강제로 맡겨졌던 대상의 역할에서 벗어나 주체성을 되찾는 것이다. 다른 사람이 자신을 보호하도록, 평가하도록, 그리고 이용하도록 내버려두지 않는 것이다. 더 이상 타인의 기대와 계획, 지시와 평가, 조치와 명령의 대상이 되지 않는 것이다. 근본적으로는 자기 존엄을 지키는 것이다.

자기 존엄을 되찾고 지키는 사람은 앞으로 헤매지 않을 것이다. 이런 사람에게는 자신의 생각과 감정과 행동이 일관성을 이루도록 인도하는 자기만의 내적 나침반이 있다. 이것은 건강을 지키는 데 큰 도움이 된다. 너무 복잡하게 생각할 필요는 없다. 나이가 몇인지, 인생에서 얼마나 자주 길을 잃었는지 혹은 얼마나 심하게 길을 벗어났는지는 상관없다. 그저 지금부터라도 자기 자신을 좀 더 사랑하겠노라고 마음먹는 것만으로도 충분하다. 그 순간 나는 이미 그 길에 서 있으며, 전환은 이미 시작되었다.

스스로에게 좋지 않은 일은 하지 않는 것. 그것이 건강하고 행복한 사람의 비결이다.

7장

사랑 없음이

우리에게 불러오는 것들

다른 사람을 사랑 없이 대하는 데서 만족을 느끼는 이들이 있다. 어쨌든 그들을 대하는 사람은 그런 느낌을 받는다. 주로 힘을 행사할 수 있는 위치에 오른 이들이다. 그들은 회사의 임원으로서, 직장 선배나 군대 교관으로서, 애석하게도 교사로서, 심지어는 배우자나 부모로서 '아랫사람'에게 일이 어떤 방향으로 진행되어야 하는지에 대한 자신들의 의견을 오해의 여지가 없도록 확실하게 전하려고 애쓴다.

그들에게 사랑이 없다는 사실을 꿰뚫어보기란 쉽지 않다. 보다 높은 지위에 있는 사람이라면 누구나 그렇지만, 그들을 존경하거나 심지어는 신격화하는 주변 사람들이 그들에게 권력을 쥐어준 탓이기도 하다. 뛰어난 선동가 혹은 소수 종파나 특수한 집단의 지도자들이 여기에 속한다. 하지만 우리 주변에도 어떤 후광이 비치는 존재로 자신을 포장하여 사람들이 의존하게 만드는 현혹자들이 있다.

배려 없는 압제자든 영리한 현혹자든 사랑 없는 행동을 하긴 매한가지다. 그렇지만 그들은 개의치 않는다. 심지어는 스스로 아예 알아차리지 못할 때도 많다. 자기가 쟁취한 저마다의 역할에서 다른 사람을, 아니 적어도 자기 자신이라도 사랑으로 대하고 있느냐는 질문에 그들은 대답할 수 없을 것이다. 그저 입을 벌린 채로 멍하니 있을 것이다. 지금까지 단 한 번도 스스로에게 그런 질문을 던져본 적이 없기 때문이다. 임원직에 지원할 때 제출하는 서류의 응답지에도 그런 문항은 없다.

현혹자들이 피해자들을 꼬드기는 은밀하고도 교묘한 사랑 없는 태도는, 권력에 미친 통치자들이 동원하는 야만적이고 때로는 폭력적인 전략보다 훨씬 더 꿰뚫어보기 힘들다. 현혹자들에게 열광하며 기꺼이 복종하는 사람은 자신이 현혹당했다는 사실을 알아차리지도 못한다. 때문에 누군가 자신의 우상으로부터 사랑 없는 대우를 받고 있다고 알려준다 하더라도 당사자들은 전혀 이해하지 못한다.

현혹당하는 사람은 누구나 현혹자가 자신을 선의로 대하고 있다고 확신한다. 실제로 현혹자들은 피해자들을 상대할 때 꽤 사랑스럽다고 생각하며, 그것 이상 더 좋은 방법을 배운 적도 없다. 바로 그 지점에서 그들의 현혹의 기술이 시작된다. 심지어 누군가 현혹자에게 당신은 스스로를 이런 식으로 사랑스럽게 여기느냐고 묻는다면 자신 있게 "그렇다"고 대답할 것이다. 그렇게 확신하기 때문이다.

'심장이 찢어진다'는 말

사랑 없는 대우를 받고 그것을 의식적으로 알아차린 사람은 무작정 현혹당한 사람과는 달리 자신에게 일어난 일을 자세히 설명할 수 있다. 우리 모두는 살면서 한 번씩은 이런 경험을 한다. 그렇게 우리를 대하는 사람이 우리에게 소중할수록, 그와 단단히 연결되어 있다고 믿을수록, 그의 사랑이 의지할 만한 것이라고 굳게 믿을수록 그 경험은 더욱 고통스럽게 다가온다.

내가 사랑하는 사람이 나를 사랑하지 않을 수도 있다. 이렇게 생각해본 적이 없다면, 일어나리라 상상하지도 못했던 일이 현실이 되어 닥쳤을 때 더 큰 고통을 느낀다. 내 기대와 전혀 어긋난 사건이 발생했을 때 뇌 전전두엽 깊은 영역에 혼란이 확산된다. 이미 애착을 향한 기본 욕구 또한 심각하게 손상된 상태이기 때문에 그 혼란의 확산세는 더욱 격렬해진다. 따라서 신체에 나타나는 현상을 조절하는 두뇌의 모든 영역이 잇따라 혼란에 휩싸이게 된다.

그때부터 실조 상태가 몸으로도 느껴진다. 심장이 빨리 뛰고 무릎이 후들거리고 숨이 막히고 온몸에 경련이 일어난다. 그 사람을 여전히 좋아하므로 공격할 수는 없다. 도망갈 수도 없다. 그러면 그 사람을 완전히 잃게 될지도 모르니까. 결국 얼이 빠져서 가만히 있을 수밖에 없다. 완전한 무기력에 잠긴다.

교감신경과 부교감신경 간의 균형이 완전히 무너진다. 그로 인해 발생한 신체 이상 중 가장 크게 느껴지는 건 심장의 이상이다. 가급적 빨리 해결책을 찾지 못하면 신체적으로도 엄청난 손상을 입게 될 것이다. 그래서 우리는 사랑했던 사람으로부터 사랑 없는 태도를 경험하는 순간 '심장이 찢어진다'고 표현한다. 연륜 있는 심장 전문의라면 이런 고통을 호소하는 환자가 찾아오면 일단은 혈관 폐색이나 심기능에 이상이 있는지를 살펴보고 별 이상이 없으면 상담사에게로 보낸다.

하지만 직장 상사나, 혹은 그의 인정과 평가가 중요하다고 여겨지는 사람에게서 사랑 없는 대우를 받는다고 해서 모든 사람의 심혈관계에 그만큼 격렬하고 심각한 결과가 초래되지는 않는다. 물론 예상하지 못한 태도에 기분이 상할 수는 있다. 그렇다고 애착을 향한 기본 욕구가 파괴된 것은 아니다. 아마도 상처받은 것은 내 능력과 성실함, 노력에 대한 제대로 된 평가를 기대했던 인정 욕구일 것이다.

그렇지만 그 상처도 아프고, 내 머릿속을 뒤죽박죽 만들며, 전신에 그 여파가 느껴질 것이다. 만약 내가 그러한 실조 상태를 안정시킬 해결책을 찾지 못한다면 내 몸은 그 상태에 적응할 것이다. 그러면 의사는 내 신체 기관 어디에 기능 이상이 생겼다고 진단하면서도 직장 상사의 사랑 없는 태도가 나를 병들게 했으리라고는 상상조차 하지 못할 것이다.

어떤 사람들은 애착과 자율성에 관한 기본 욕구가 너무 강한 나머지, 꼭 배우자나 직장 상사가 아니더라도 이웃이나 가게 주인, 미용사나 의사가 사랑 없이 대하기만 해도 심한 상처를 받곤 한다. 그런 사람일수록 모두가 오로지 자신의 안녕과 유익을 따지면서 타인을 기대와 계획, 지시와 평가, 조치와 명령의 대상으로 대하는 이 세상에서 살아가기 힘들다.

만약 내가 사람들이 서로를 대할 때 느껴지는 사랑 없

는 태도의 기운을 민감하게 느끼고, 내면 깊은 곳에서 서로를 그리고 나를 사랑으로 대해줄 사람을 기다리고 기대하고 있다면, 사랑 없는 대우를 받을 때마다 내 머릿속에 불균형이 확산될 것이다. 그리고 조만간 그 때문에 아프게 될 것이다.

아주 많은 사람이 이미 아이 때부터 혹은 청소년 때부터 사랑 없는 대우를 받는 경험을 되풀이한다. 그들이 그로 인한 상처에 매우 예민해지고, 심지어 누군가 자신을 사랑 없이 대한다는 암시만 있어도 신경을 곤두세우게 되는 것은 당연한 일이다. 그런 사람에게도 문제가 생긴다.

극도로 예민한 촉수 때문에 그들은 자신이 사랑 없는 대우를 받을지 모른다는 상상만으로도 힘들다. 남들의 표정이나 행동 방식이 자기 눈에 사랑이 없는 것처럼 보이기만 해도 말 그대로 밤잠을 설친다. 다른 사람이 자신을 무시하거나 비판했다는 추측, 혹은 자기 앞에서 잘난 척하는 상상만 해도 실제 사랑 없는 대우를 받은 때와 마찬가지로 뇌 속의 균형이 깨진다. 이렇게 과민해진 사람은 어린 시절 사랑 없는 대우를 받아 생긴 문제에 대한 장기적이고 효과적인 해결책을 찾아 일관성을 회복하지 못하면 병들고 만다.

친밀감에 대한 거부

대부분의 사람이 타인을 기대와 계획의 대상으로 삼는 게 당연하다고 여기는 세상에는 사랑 없음이 만연하다.

내부적으로든 외부적으로든, 집이든 학교든 직장이든, 사람이 함께 모여 살고 배우고 일하고 여가를 즐기는 곳이라면 어디서든, 공동체의 다른 구성원을 자신의 기대와 계획, 지시와 평가, 조치와 명령의 대상으로 만들어버리는 사람이 있다. 다른 사람을, 다른 생명체 모두를 대상으로 여기는 태도에는 사랑이 깃들지 않는다. 그리고 그런 대우를 받는 사람은 상처를 입는다.

그들이 왜 그런 행동을 하는지 궁금할 것이다. 답은 아주 간단하다. 다른 사람이 어떻게 되든 신경 쓰지 않기 때문이다. 남이야 어찌 되든 그들에게는 아무런 상관이 없다. 그들은 타인과 연결되기 원하는 욕구를 매우 효율적으로, 아주 오랫동안 억눌러왔고, 그래서 이미 오래전부터 연결을 향한 욕구를 느끼지 못하게 되었다.

물론 태생부터 그랬던 것은 아니다. 그들에게도 다른 사람과 함께하는 무언가에서 기쁨을 얻고, 타인과의 공존에서 충만함과 행복감을 느꼈던 어린 시절이 있다. 적어도 삶의 초반에는 그들도 자신만의 능력을 하나씩 발견해 장난치듯 이런저런 시도를 해본 적이 있다.

그때 그들은 자신들이 보호자와 얼마나 친밀하게 연결되어 있는지 잘은 몰랐어도 매일 피부로 느낄 수 있었다. 당시에 보호자로부터 전해 받은 모든 능력과 지식은 아직까지 그들 안에 남아 있다. 보호자가 없었다면 그들은 걷지도 말하지도 못했으리라. 가르치고 시범을 보여줄 누군가가 있었기에 어린아이는 그것을 따라 배울 수 있었다.

당연히 당시에 아이는 보호자와의 관계를 유지하기 위해서라면 무엇이든 감수할 준비가 되어 있었을 것이다. 앞서 말한 적 있는 '병들게 하는 적응 과정'을 고스란히 밟아가는 것이다. 이런 아이들 중 대부분이 늦어도 서너 살쯤엔 자기가 사랑하는 사람으로부터 기대와 계획, 평가와 훈계의 대상이 되는 경험을 하게 된다.

아이들은 다른 사람이 세워놓은 양육 방향을 관철시킬 대상이 된다. 이 고통스러운 경험이 뇌에 불균형을 유발하면 아이들은 나름의 살길을 찾아 극복한다. 이 시기 아이들이 가장 쉽게 선택할 수 있는 해결책이란 별다른 게 없다. 무언가 그들 안에서 고통이 느껴질 때마다 늘 하던 대로 애착과 친밀함, 소속을 향한 태생적 욕구를 가능한 효과적으로 오랫동안 억누르는 것이다.

처음에는 매우 힘들었지만 차츰 능숙해진다. 친밀함을 향한 욕구를 생성하는 뇌의 영역마다 그걸 억제하는 신경세포 회로가 형성된 덕분이다. 어떤 아이는 더 잘하고, 또 어떤 아이는 서툴 수 있다. 하지만 이 시기 아이들이 자기 머릿속에 생겨난 불균형을 정리하여 일관성을 회복하는 해결책으로는 그 방법이 유일하다.

아이들에게 다른 해결책은 없다. 인생에서 무엇이 중요한지, 그래서 아이를 어떻게 키워야 하는지를 두고 부모가 구상한 바를 아이들이 바꿀 수는 없기 때문이다. 아이들은 더 이상 있는 그대로 사랑받고 있다고 느끼지 못한다. 대신 그들의 부모가 원하고 때로는 강요하는 대로 생각하고 반응하고 행동해야만 한다고 느낀다.

타인의 강요나 기대대로 행동해본 경험이 있는 아이들은 또한 또래 친구나 형제자매, 심지어는 자기 부모를 대할 때 그 경험을 적용해보고자 시도한다. 개중 특별히 영리한 몇몇은 그런 방식이 얼마나 효과적인지 금세 알아차린다. 이러한 전략을 수행해 성공한 경험이 쌓일수록 그들의 뇌에는 자신의 이익을 실현하기 위해 타인을 이용하고자 할 때에는 굳이 친밀감을 느끼지 않는 편이 낫다는 판단이 확고하게 뿌리를 내린다.

그러므로 타인을 사랑 없이 대하는 태도는, 어른들의 사랑 없음에 너무 많은 상처를 받으면서도 피할 재간이 없었던 어린이와 청소년들이 찾은 가슴 아픈 해결책이라고 할 수 있다. 그들에게 남은 선택지는 타인을 자기 의지대로 움직이게 하는 전략으로 압력을 행사할 것인지 아니면 현혹을 할 것인지를 고르는 것뿐이다. 그 선택은 어떤 전략이 더 잘 먹히는지, 즉 무엇이 더 큰 성공을 보장하는지에 따라 달라진다.

이제 당신은 어른들, 특히 권력자나 지도자들 사이에 점점 더 널리 퍼지고 있는 사랑 없음의 방식을 잘 이해하게 되었을 것이다. 그렇다면 다른 사람을 압박하거나 현혹하는 사람들조차 내면 깊은 곳에서는 고통받고 있으리라 추론해볼 수도 있다.

그들에게는 사는 동안 있는 모습 그대로, 아무 조건 없이 수용되고 사랑받아본 경험이 전혀 없을지도 모른다. 아주 어렸을 때부터 자신이 의지하는 소중한 사람이 기대하는 대로 되기 위해 안간힘을 쓰며 살았을지도 모른다. 단 한 번도 자기 마음대로 인생을 꾸려본 적이 없을지도 모른다. 이미 어렸을 때부터 다른 사람에게 조종당해왔을지도 모른다. 어른이 되어서도, 심지어 일생에서 엄청난 성공을 거둔 뒤에도 채워지지 않은 욕구 때문에 허덕일지도 모른다. 성공에 매달리고, 다른 사람의 칭찬과 인정에 집착하고, 여전히 그런 것들을 얻으려 투쟁할 것이다.

그런데 성공한 그들을 인정해주던 무대가 흔들리거나 심지어 무너지기 시작하면 그들은 길을 잃는다. 마음 깊은 곳에서는 이미 오래전부터 그 위기를 예감하고 있었다. 그들은 이 불균형을 해결할 방도를 모르고, 그래서 언젠가 병들고 만다.

사람들 속에 있어도 나는 아프다

압박 혹은 현혹으로 성공을 거둔 사람은 자기 자신에게도 사랑 없는 태도로 일관한다. 그 뿌리는 그들이 친밀함과 인간적 관계, 타인과의 결속을 향한 욕구를 억누르는 방법을 배운 곳에 있다.

그들의 잘못이 아니다. 그런 일이 일어났을 때 그들은 그저 아이였을 뿐이다. 그래서 사랑하는 사람들이 자신을 기대와 지시, 평가와 조치의 대상으로 만들고 있다는 것을 꿰뚫어보지 못했다. 부모와 교사에게 있는 그대로 받아들여지고 소속되고 싶다는 욕구를 억압하는 것이 유일한 해결책이었다. 그래야만 뇌 속에 만연한 불균형을 어느 정도라도 안정시킬 수 있었기 때문이다.

지금 성인이 된 사람들 중 상당수가 어린 시절에 이와 비슷한 문제를 겪었을 것이다. 그렇다고 그들 모두가 압박과 현혹으로 성공을 거둔 것은 아니다. 삶에서 각개 전투를 벌여야 할 때마다 자신의 승리를 위해 타인을 희생시키는 법을 특별히 잘 터득한 일부만이 그렇게 되었다. 성공할 때마다 다른 사람들이 보낸 인정과 평가가 그들의 사기를 북돋웠다. 그중 어떤 이들은 사랑 없음의 모범 사례일지도 모른다. 혹은 자기 구상을 성공적으로 실행하는 재능을 타고난 사람일 수도 있다. 아니면 다른 어떤 이유 때문에 처음부터 타인에게 곁을 내주지 않는 사람일 수도 있고.

1등 자리를 놓고 벌인 경쟁에서 패배한 다수에게는 권력도 영향력도 주어지지 않는다. 그런 이들은 성공적인 압제자나 현혹자가 되지 못한다. 대부분 그저 삶에 불만스럽고 사랑이 부족한 평범한 동시대인에 머문다. 타인과의 친밀한 관계를 향한 욕구 불만과 자신만의 성취를 향한 욕구 불만이 이중으로 그들을 괴롭힌다.

그들 중 다수가 욕구 불만으로 인해 뇌 속에 생긴 불균형을 해결하고 일관성을 회복하기 위해 똑똑한 척, 다 아는 척, 만능인 척한다. 그러면서 다른 사람을 조종하고, 폄훼하고, 비방하고, 모욕한다. 시쳇말로 남을 '디스'하고 '왕따'로 만든다. 그런 건 내면 깊은 곳이 원만하지 않은 사람, 자신이 상처받고 버림받았으며 쓸모없다고 느끼는 사람만이 할 수 있는 짓이다. 그런 사람일수록 주변에 다른 사람이 있는 걸 좋아하지 않는다. 타인과 친밀감을 느끼지 않기 때문이다. 성장 과정에서 친밀감과 결속감에 대한 욕구를 억압해야 했기에 성인이 된 후로도 대부분 외롭게 생활한다.

사실, 관계를 향한 기본 욕구를 줄기차게 외면하는 것도 쉬운 일은 아니다. 따라서 그런 사람들도 어떤 목적을 이루기 위해서라면 남들과 어울리는 편을 흔쾌히 택한다. 좋아해서 어울리는 게 아니다. 비슷한 감정을 지닌 사람들과 집단을 이루어 제3자를 욕하고 비방하고 비판하고, 심지어는 더 나쁜 음모를 꾸미기 위해 어울리는 것이다. 그래야 불만족스러운 자신의 상황을 견디기 수월해지기 때문이다.

똑같이 친밀한 관계를 향한 기본 욕구를 억압한 경우라

하더라도 그들은 객관적인 성과와 지위, 이익을 얻어 압제자나 현혹자로 성공한 사람보다 오히려 더 형편없는 사람들이다. 어쨌거나 성공한 사람에게는 일을 제대로 해냈다는 만족감이라도 있으니까 말이다. 그래서 그 순간만이라도 하늘을 찌를 듯한 기분을 느끼며 자신을 좋아할 수도 있다. 때론 그 만족감을 바탕으로 스스로를 아주 잘 돌보기도 한다. 운동을 하고 건강한 음식을 먹고 몸 상태를 잘 살펴 오랫동안 건강을 유지하는 경우도 있다.

하지만 성공도 인정도 맛보지 못한 사람은, 스스로 무언가를 이뤄본 적이 거의 없고 그저 항상 남에게 복종하거나 다른 사람 뒤꽁무니만 쫓아다닌 사람은, 그래서 스스로를 실패자로 여기도록 배운 사람은 대부분 스스로를 좋아하지 않는다. 따라서 자신을 얼마나 사랑 없이 대하는지도 깨닫지 못한다.

그런 사람들은 자기 행동이 몸에 해롭다는 것을 의식하지 못한 채 먹고 마시고 담배를 피운다. 하루 종일 책상 앞에, 자동차 안에, 소파에 앉아 있으면서도 허리가 아픈 줄도 모른다. 혹은 통증이 느껴지거나 병이 생긴 것 같은 느낌이 들어도 병원에 가지 않는다. 상태가 너무 심각해져서 더 이상 원래 하던 대로는 살 수 없을 때가 되어서야 겨우 병원을 찾는다. 거기서도 가능하면 빨리 자신을 회복시켜줄, 고장 난 신체 일부를 수리하거나 교체해줄 사람만을 찾는다.

8장

내가 나를

사랑하지 않음은

　　　　　　　자기 욕구를 억누르는 데 익숙한
사람은 계속 그 방식대로 자신을 사랑 없이 대할 수 있다.
다만 자기 삶이 고장 난 기계처럼 작동하지 않을 날이 성
큼성큼 다가오고 있음을 각오해야 한다. 자동차는 물론이
거니와 냉장고, 세탁기 같은 가전제품도 아슬아슬한 상태
를 꽤 오래 버틴다. 만약 이런 기계에 학습 가능한 소프트
웨어인 '인공지능'이 장착된다면 더 이상 작동할 수 없을
때 경보를 울릴 것이다. 심지어 학습의 경험이 쌓이면 절
박한 위기 전에 미리 경고성 암시를 날릴지도 모른다.

　스스로를 최적의 구동 장치로 여기는 사람들은 벌써 자
기 배나 팔뚝에 그런 '지능적 장치'를 착용하기 시작했다.
그러면 혈압이 너무 오르거나 떨어질 때, 심박동이 일정하
지 않을 때, 호흡이나 수면 상태 등이 올바르지 않을 때 등
건강과 관련된 신체 기능을 측정하는 장치가 때맞춰 경보
음을 울린다.

인공지능 개발은 수익성이 매우 좋은 산업 분야다. 일부 전문가들은 우리 뇌에 이상이 생기면 그 안의 내용을 다운로드해 다시 프로그래밍할 수 있는 날을 꿈꾼다.

하지만 원대한 희망을 품었던 인공지능 개발자들은 최근 들어 그들 앞에 놓인 극복할 수 없는 한계를 발견했다. 그들이 개발한 학습 가능한 로봇과 자동 기계가 인간과 점점 더 비슷해지려면, 그래서 인간을 대체할 수 있으려면 꼭 필요한 무언가가 있어야 하는데 그것이 결여되어 있다는 점을 깨달은 것이다. 바로 욕구다.

디지털 기계는 욕구가 없다. 따라서 어떻게 욕구를 충족시킬지에 대한 자신만의 구상을 세울 수가 없다. 구상을 세울 수 없으므로 그것을 현실화시킬 의지도 없다. 기대한 바는 아니었겠지만, 인공지능 개발자들은 욕구가 생기고 그것을 알아차리는 능력이 생명체와 기계를 구분하는 근본적 차이임을 깨닫게 되었다.

그렇다면 한 인간이 최적화되고 완벽하게 기능하는 기계가 되기 위해 충족되어야 할 전제 조건이 무엇인지도 같은 맥락에서 추론할 수 있다. 자신의 살아 있는 욕구를 억누르는 방법을 최선을 다해 배운 사람은 기계가 될 수 있다. 결속, 인간적 친밀감, 자기 결정권과 자율성, 행위와 수면, 섹스를 향한 모든 욕구를 억제하면 기계가 된다. 이처럼 자기 몸이 바라는 것을 주지 않는 태도를 우리는 '사랑 없음'이라고 부른다.

두 가지 목표를 향해 갈 수는 없다

욕구는 우리 몸이 제 기능을 유지하는 데 꼭 필요한 무언가가 부족할 때 보내는 신호다. 정상 상태라면 그런 욕구를 억압하는 것은 거의 불가능하다.

우리가 갈증이 나서 물을 마시고, 허기가 져서 먹을거리를 찾는 것은 모두 욕구 때문이다. 피곤하면 몸을 뉘이고, 너무 오랫동안 한자리에 앉아 있었다면 좀 움직인다. 통증으로 괴로울 때면 무엇 때문에 그런지 빨리 찾아내 조속히 원인을 제거한다. 밀폐된 공간에 너무 오래 있었다면 신선한 공기를 쐬러 밖으로 나가고, 소음이 심한 환경에서는 귀라도 막는다. 어디에선가 불쾌한 냄새가 풍기면 자리를 피한다. 당연히 배가 부르면 그만 먹는 게 정상이다.

신체가 필요를 감지하고 욕구로 신호를 보내는데도 그에 귀 기울이지 않는다면 조만간 병들 것이다. 병든 다음에도 여전히 욕구를 충족시키지 않으면 병이 점점 더 깊어져 결국 죽음에 이를 것이다. 세상에 자신에게 그토록 무심하고 무정한 사람이 있겠느냐고? 그건 당신의 착각이다. 당신이 상상하는 것 이상으로 많은 사람이 몸에서 필요한 무언가가 부족하다고 알리는 신호를 무시하는 데 놀라우리만큼 능숙하다.

예를 들면, 우리 인간은 아침마다 곤히 잠든 자녀를 억지로 깨우는 유일한 종이다. 심지어 그렇게 빼앗은 잠이 자녀에게 얼마나 소중한 것인지를 알면서도 그렇게 한다. 정시에 출근하고 등교해야 한다고 생각해서 아이들을 깨우는 것이다. 알람 없이 그렇게 일찍 잠에서 깰 수 있는 사람은 흔치 않다.

일과를 마친 저녁에는 또 어떠한가. 일찍 잠자리에 들 수도 있지만, 그렇게 하기보다는 TV 리모컨을 들고 드라마나 예능의 세계로 들어간다. 혹은 극장에 가거나 밤늦도록 친구들과 유흥을 즐기기도 한다.

배고플 때 눈앞에 놓인 맛있는 음식을 자기 의지로 참을 수 있는 생명체는 인간밖에 없다. 오직 인간만이 배고픔을 지금 해소할지, 아니면 더 참을지를 결정한다. 지금 당장 더 중요해 보이는 일을 하느라 허기를 참고 다른 일을 할 때도 있다. 또는 패션 잡지 표지의 깡마른 모델 같은 외모를 얻기 위해 허기를 억지로 누르기도 한다. 어떤 이들은 자기 외모에 대한 불만이 너무 커서 불행한 나머지, 그 불행에 대한 책임이 자신에게 있다고 여긴 탓에 자기 신체와 욕구를 모두 거부한다. 급기야 굶어 죽길 택한 사람도 있다.

사람은 움직이고자 하는 욕구를 가지고 태어난다. 하지만 당신이 정형외과 대기실에 반나절만 앉아 있어본다면 얼마나 많은 사람이 그 본래적 욕구를 꾸준히, 영구적으로 억압하는 데 능숙한지를 눈으로 확인할 수 있을 것이다. 무릎 관절과 고관절, 허리 이상을 호소하는 비만 환자들에게 운동과 신체 활동을 향한 본능적 욕구를 제쳐두고 도대체 무엇을 했는지 물어보라.

아마도 그들 대부분 스트레칭이나 운동 아닌 다른 것을 하면서 살았다고 답할 것이다. 통증이 심각해지기 전부터 그렇게 살아왔다고 말할 것이다. 뛰고, 오르고, 자전거를 타고, 물장구를 치면서 자기 몸이 어디까지 해낼 수 있는지를 시험해볼 때 느꼈던 쾌감을 그들은 기억조차 못할 것이다. 대신 지금은 모든 움직임이 고통스럽다고 말한다. 그래서 가급적 빨리 새로운 무릎 관절이나 고관절을 장착

할 수 있기를 간절히 바란다.

최근 한 심리상담사로부터 담배를 끊고 싶다며 상담소를 찾은 애연가에 대한 얘기를 들었다. 그는 요새는 흡연이 금기시되다시피 해서 직장에서 담배 한 대 피우러 자리를 비울 때마다 동료들이 이해할 수 없다는 듯이 쳐다본다고 하소연했다. 상담사는 그에게 지금까지 상담받은 모든 흡연자가 단박에 담배를 끊은 방법이 있다며, 그 치료법을 알려주겠다고 약속했다. 아무런 해도 없고 아무런 부작용도 없으며, 이렇게만 하면 평생 비흡연자로 살 수 있다고 말이다. 그는 흔쾌히 응했고, 치료가 어떻게 진행되는지를 물었다. 상담사는 답했다.

"아주 간단합니다. 앞으로는 절대 담배에 불을 붙이지 말고, 다른 사람한테도 불을 붙여달라는 부탁을 하지 않으면 돼요."

애연가는 화를 내며 상담소를 나갔다고 한다.

그는 내면 깊은 욕구 때문에 금연을 결심한 게 아니었다. 그는 자욱한 담배 연기가 호흡기를 그을리고, 폐를 망가뜨리고, 후각을 앗아가는 것에서 금연할 충분한 동기를 찾지 못했다. 그보다는 자기가 금연에 성공했을 때 다른 사람이 주는, 혹은 다른 사람이 주길 바라는 인정과 평가,

존경이 우선이었다. 그래서 그는 스스로 결단하기보다는 치료해줄 누군가를, 혹은 뜻대로 되지 않을 시 책임을 전가할 수 있는 사람을 찾고 있었던 것이다.

몸에서 뇌로 전달된 신호를 감지할지 말지, 그리고 몸에 필요한 것이 표현된 욕구에 반응할지 말지에 관한 결정이 삶에서 무엇을 중요하게 생각하느냐에 따라 달라질 수 있음을 분명하게 보여주는 사례다. 자기 몸과 일관성을 이루는 것이 최우선인 사람도 있지만, 타인과의 관계에서 조화를 이루는 것을 더 중요하게 여기는 사람도 있다. 심리학자들은 이런 차이를 일컬어 '가치의 주관적 속성'이라고 한다. 그리고 뇌과학자들은 사람이 특정한 환경에서 다른 것보다 더 중요하고 가치 있다고 확신하는 것에 집중하여 행동하는 이유를 이 속성을 들어 설명한다.

특정한 인식과 생각, 구상이 중요해지려면 내면의 감동을 일으켜야 한다. 말하자면, 뇌의 감정 영역을 활성화시켜 특정한 감정을 불러오는 그 생각을 사람은 중요하다고 받아들인다. 자기가 의미를 경험하지 못한 것, 그래서 중요성을 깨닫지 못한 것에는 냉담하다. 나를 감동시키지 않는 것은 나와 무관하므로 내 머릿속에 행동을 유발하는 충동을 일으키지 않는다.

물론 사람은 여러 행동을 동시에 할 때도 있다. 하지만 고도로 집중해서, 모든 에너지와 자원을 동원하여 풀 수 있는 문제는 한 번에 하나씩이다. 결코 두 가지 목표를 향해 동시에 전력 질주할 수는 없다.

막연하게 담배 끊는 상상을 하기란 쉽다. 하지만 실천하려면 다른 어떤 것보다 먼저 금연하는 것이 중요하다고 느껴야 한다. 앞서 언급한 애연가는 내 몸의 건강을 지키는 것보다 사회적으로 인정받는 것이 훨씬 중요했다. 그는 타인의 인정과 몸담은 공동체에서의 소속감을 잃어버릴지 모른다는 불안감을 더 중요하게 받아들였고, 그래서 금연을 결심했다.

하지만 알고 보면 그가 애초에 흡연을 시작한 이유도 똑같았다. 타인과 결속되는 것, 자신에게 중요한 사람들의 인정을 받는 것이 담배를 시작하게 된 동기였다. 그렇게 담배를 피우는 동안 몸이 뇌로 보내는 신호를 무시하는 데 점차 능숙해졌다. 친구들과 무리를 지어 서로에게 담뱃불을 붙여줄 때마다 그는 친밀감을 경험했다.

그 감정은 뇌를 장악했던 불균형을 어느 정도 해소해주었다. 어딘가 소속되어 있다는 감정은 기분을 좋게 했다. 그렇게 '보상 체계'에서 분비된 전달 물질이 머릿속에 거름처럼 뿌려졌다. 흡연을 '해결책'으로 삼기 위해 형성된 신경회로는 그 거름 위에 단단히 뿌리를 내리고 널리 퍼져나갔다. 이런 식으로 머릿속에 단단한 길이 형성되면 더이상 다른 길로는 갈 수가 없다.

중독 전문가들은 이를 '중독 기억'이라고 칭한다. 무언가에 중독된 사람이 이미 뚫어놓은 고속도로를 떠나겠다고 마음먹었다면, 적어도 중독이 시작될 때 들어온 진입로와는 다른 문을 택해야 한다. 굳이 중독 전문가가 아니더라도 쉽게 알 수 있는 사실이다.

애연가는 사회적 안정과 소속감 때문에 흡연이라는 중독의 길을 택해 들어섰다. 그런데 비흡연의 가치가 커지면서 담배를 끊으라는 사회적 압력이 강해지고 점점 흡연자들이 소외되기 시작했다. 그러자 그는 금연하리라 마음먹었다. 하지만 한번 뚫린 고속도로는 여전히 그에게 돌아오라고 손짓한다. 그래서 그는 좋아하는 친구들, 여전히 담배를 피우는 친구들을 만날 때마다 '함께하자'는 유혹에 시달릴 것이다.

한번 뚫린 고속도로가 아무 노력 없이 저절로 무너지기를 바라서는 안 된다. 그럴 수도 없다. '사회적 압박에 의해 억지로 금연하게 된 자'의 경우라면, 내가 타인의 기대와 구상을 충족시키지 않으면 비난받고 소외되리란 불안이 해소되어야 한다. 그래야 단단한 고속도로가 무너진다.

타인에게서 비롯된 불안에서 벗어나려면 있는 그대로의 내 모습을 좋아해줄 사람을 만나는 수밖에 없다. 하지만 내가 먼저 있는 그대로의 내 모습을 좋아해야 그런 사람을 만날 수 있다. 자신과 자기 몸을 사랑 없이 대하는 한 타인이 먼저 나를 좋아해주는 일은 결코 일어나지 않는다.

타인의 욕구는 나의 욕구가 아니다

정말 많은 사람이 이르게는 성장기부터 혹은 일생의 어떤 시점부터 자신의 신체적 욕구를 억누르고 몸에서 뇌로 전달되는 신호를 무시하는 데 능숙해진다. 이런 상황이 지속되는데도 우리 인간의 심리 혹은 영혼의 기본 욕구가 심각한 영향을 받지 않았다면 오히려 기적일 것이다. 내가 아는 한, 어른들의 세계에서 성장하는 과정에서 자신에게 중요한 욕구를 강제로 억눌렀거나 강제로 억누른 느낌을 받은 적이 한 번도 없었던 사람은 없다. 그것이 생존에 필수적인 심리적 기본 욕구라 하더라도 말이다.

그런데 세상만사 돌아가는 사정에 대해 세세한 설명을 듣고, 세상을 배우고 깨닫는 방법과 범주를 하나하나 교육 받은 어린아이가 천성적으로 타고난 발견의 기쁨을 느낄 새가 있었을까? 끊임없이 타인으로부터 무엇을 어떻게 해야 한다고 지시를 받고, 심지어 그것을 완수해야 할 시간까지 지정받은 어린아이에게 천성적으로 타고난 창조의 욕구가 남아 있을까? 이런 상황이라면 아이에게는 자신에게 내재된 발견의 기쁨과 창조의 욕구를 억누르는 것 외에는 다른 해결책이 없을 것이다.

욕구를 일으키고 느끼는 뇌의 신경세포 회로를 점점 더 효과적으로 억제하는 해결책은 매우 실용적이다. 욕구를 완전히 제거하는 것은 매우 어려운 일이므로 성장기 어린이들은 오랜 시간에 걸쳐 그 수준에 이른다. 일단 그 수준에 한번 도달한 아이들은 마침내 아무런 불평과 반항 없이 부모와 교사의 기대를 충족시킬 수 있게 된다. 가르치는 대로 배우고 시키는 대로 하는 아이가 되는 것이다.

아이들이 그들에게 내재된 친밀한 관계와 애착을 향한 기본 욕구를 억누르는 일은 생각보다 어렵다. 하지만 불행하게도 아주 많은 아이가 그 일을 해낸다. 부모와 교사, 때로는 손위 형제자매, 심지어는 또래 친구들의 기대와 지시를 따르지 않으면 계속 벌을 받고 혼이 나고 여타 다른 방식으로 상처를 입기 때문이다. 그걸 견딜 아이가 몇이나 되겠는가? 친밀한 관계를 향한 욕구를 일으키는 뇌 영역을 지속적으로 억누르는 데 능숙해진 아이들 중 일부는 커서도 타인과 정서적 교류를 하지 않으려고 한다. 당연한 결과다.

대부분의 성장기 어린이들은 자신이 소중하게 여기는 보호자의 기대대로 되고자 안간힘을 다해 노력한다. 그래야 그들에게 수용되고 칭찬받고 가치를 인정받으며 그들 사이에 낄 수 있기 때문이다. 그러면 뇌에 생긴 불균형이 점차 안정되고, 상대의 욕구를 충족시키고 그에 걸맞은 성과를 내기 위해 활성화된 신경세포 회로는 더욱 커지고 세지고 단단해진다.

이런 식으로 적응의 장인이 된 아이들 중 일부는 평생 타인의 인정을 얻고자 그들의 기대에 부응하면서 살아간다. 마치 누가 뒤에서 쫓아오는 것처럼 그 일을 열심히 하는 사람도 있다. 자기 몸이 제대로 작동하는 한 그들은 그들 몸 안에서 어떤 일이 일어나는지에 대해서는 신경 쓰지도 않는다.

몸의 이상을 느끼면서도 정신 차리지 않는 사람도 많

다. 오히려 원래 하던 일을 더 열심히 하고 더 잘하려고 애쓴다. 어릴 적부터 부모와 교사가 그에게 품었던 기대를 오랜 시간에 걸쳐 내면화했기 때문이다. 그 결과, 그들은 타인이 없어도 스스로 알아서 기대하고 압박하고 전력 질주한다. 이런 사람들에게 자기 몸은 목표를 이루기 위한 최적화된 수단에 불과하다. 몸이 그 기능을 제대로 다하지 않으면 성가신 방해물이 될 뿐이다.

그렇게 사랑받지 못한 몸이 얼마나 오래 버티는지, 얼마나 오랫동안 제 기능을 다 하는지는 타고난 체질에 따라 다르다. 한결같이 자신을 사랑 없이 다루는데도 놀라우리만큼 오래 사는 사람도 있다. 하지만 마지막 순간, 임종이 임박했을 때 다시 한번 삶이 허락된다면 무엇을 하고 싶으냐는 질문에는 대부분 이렇게 답할 것이다.

자신을, 그리고 다른 사람을 더 많이 사랑하며 살도록 노력하겠노라고.

9장

우리는

어떻게 공존하는가

이렇게 많은 사람이 쫓기는 것처럼 내달리고, 서로를 끊임없이 추월하고, 아무것도 놓치려 하지 않는 세상. 성과와 출세가 중요하고, 저마다 최대한 많이 소유하려고 아등바등하는 세상. 이런 세상에서는 자신이든 타인이든 간에 누군가를 더 많이 사랑하는 일이 결코 쉽지 않다. 그렇긴 해도 어떻게 우리가 이처럼 사랑 없이 공존하게 되었는지를 이해하기 시작하는 것으로 첫 발걸음을 떼볼 수는 있다.

이는 열역학 제2법칙과도 관련되어 있다. 우리의 뇌와 유기체 전체, 그리고 모든 인간 공동체는 각각의 구조와 기능을 유지하는 데 소비되는 에너지를 최소화해야 살아남을 수 있다. 즉 그 안에서 일어나는 모든 과정이 조화를 이루고 어우러져야 한다.

우리의 뇌가 그 일을 해내는 방식과 그렇게 찾아낸 해결책이 장기적인 관점에서 우리 건강에 유익하지 않을 수도 있다는 점은 이미 여러 차례 강조했다. 하지만 작게는 사사로운 공동체, 크게는 인간 사회 전체가 조화로운 공존을 이루기 위해 다양한 구성원들을 어떻게 조직할 수 있었는지, 어떻게 적은 에너지만으로도 내부 질서와 기능을 유지할 수 있었는지에 대한 의문은 아직 풀리지 않았다. 지금까지 찾아낸 가장 쉬운 방법은 다른 모든 구성원들에게 어디로 가야 할지, 무엇을 하고 무엇을 하지 말아야 할지, 함께 살 때 지켜야 할 규칙들을 분명하게 말해주는 강력한 지도자를 세우는 것이었다.

이런 식으로 일관성을 갖추게 된 질서 구조를 사회학자들은 '위계'라 일컫는다. 인류가 정착을 시작한 수천 년 전부터 전 세계 거의 모든 인간 공동체가 이 질서 구조를 채택했다. 무력 충돌을 비롯한 여러 문제 상황에서 해결책으로서의 가치를 입증했기 때문이다. 민주주의를 채택한 사회라 할지라도 인간이 공존하는 다양한 분야에서 위계질서의 위세는 여전히 굳건하다. 굳이 군대가 아니더라도 회사와 단체, 정당과 협회, 학교와 교회, 지역 자치 단체는 물론이고 보수적인 전통을 따르는 가정에도 위계가 존재한다.

위계질서는 그것이 제대로 작동하는 한 구성원 간의 조

화로운 공존과 인간의 성과를 보장한다. 일관된 질서가 없었다면 인간 공동체는 오늘날의 성과를 이루지 못했을 것이다. 다만 그 결과물에는 이집트의 피라미드나 달 비행뿐만 아니라 마녀사냥과 홀로코스트도 포함된다.

경쟁의 사다리 위에서

위계 구조는 그것이 다스리는 세계가 단순하고 통제 가능하며, 무엇보다 변화가 너무 빠르지 않을 때에만 작동할 수 있다. 권력과 지위의 사다리는 변화가 적어야 유지된다. 그러므로 현재 우리의 세상, 즉 점점 더 복잡해지고 점점 더 빨리 구조가 변하는 지금의 세계화되고 디지털화된 세상에는 어울리지 않는다.

이미 사회 곳곳에서 위계는 일관성을 유지하는 기능을 상실했다. 그리고 그것이 야기한 사회적 혼란 또한 점점 통제하기 어려운 수준에 이르렀다. 낡은 위계질서를 회복시키려는 지도자는 사람들의 신뢰를 잃고 있다. 많은 이가 그런 지도자로부터 벗어나고자 한다.

현재 우리는 인간사를 통틀어 가장 힘든 과도기를 경험

하는 중이다. 기존의 질서를 유지하던 체계는 더 이상 작동하지 않는데, 현재의 변화와 갈등을 해결하고 일관성을 창출해낼 새로운 힘은 아직 보이지 않는다.

그런데 우리를 자꾸만 낡고 쓸모없는 옛길로 되돌아가게 하여 새로운 일관성을 창출해낼 힘을 찾는 일을 방해하는 원인은 따로 있다. 우리는 위계질서가 단단했던 과거의 구조에서 성장했고, 뇌의 회로 패턴도 그런 환경 속에서 형성됐다. 따라서 현재 우리의 생각과 감정, 행동을 결정하는 것은 여전히 과거에 자리 잡은 회로 패턴이다. 여기에 부모의 보살핌을 받을 때부터 시작해서 유치원과 학교를 졸업하고 직장에 다닐 때까지 우리 삶 어디에서나 위계로 세워진 상황과 관계가 존재한다. 그것이 우리의 기대와 맞지 않을 때 문제가 생긴다.

우리 머릿속에 불균형이 발생하고, 그것이 계속 퍼져나간다. 심지어 잃어버린 일관성을 회복하기 위해 우리 각자가 찾아낸 해결책마저도 대부분은 기존 상황과 관계에 의해 만들어진 것들이다.

우리 중 일부는 부모나 교사, 상사 혹은 또래 친구나 직장 동료가 그들의 기대와 구상을 충족시키기 위해 폭력이나 보복의 위협 등 공인된 억압적 수단을 사용하는 대상이 되어왔다. 보상이나 선물을 약속하는 현혹자들에게 이끌려 그들이 바라는 대로 행동해온 사람도 많다. 방식을 막론하고 그들 모두 각자의 보호자 혹은 윗사람으로부터 원치 않게 계획과 목표, 지시와 평가, 조치와 명령의 대상이 되었다는 점에선 다를 바가 없다.

이런 곤란한 환경에서 빠져나오기 위해 개인이 할 수 있는 선택이라고는 별다른 게 없었다. 위계질서의 사다리에서 다음 계단을 오르는 데 도움이 되는 것은 무엇이든 하는 수밖에 없었다. 남들보다 더 잘, 더 빨리, 더 성공적으로 성과를 내서 상승의 조건을 충족시켜야 했다. 자신의 신체적·심리적 기본 욕구를 억눌러야 가능한 일이었다. 출세의 사다리를 가능한 한 빨리 올라 영향력과 권력, 인정을 얻겠다는 목표를 달성하는 게 중요했으므로 자신과 타인을 향한 사랑은 기꺼이 구석으로 밀어놓을 수 있었다.

그들은 자기 삶과 타인과의 공존을 책임감 있게 만들어가는 법 대신, 기회가 주어질 때마다 최대한 빨리 정상에 오르기 위해 자신을 단련하는 법을 배웠다. 위계가 지배하는 사회에서 성장하고, 최고의 자리를 차지하기 위한 투쟁을 벌이면서 사랑 없는 출세주의자가 되었다. 그리고 아래에 남겨진 사람들은 위로 올라간 이들의 성공을 질시했다.

이 사다리에서 더 높은 자리를 차지한 자도, 더 낮은 계단에 남은 이도 지금까지 온 세상을 지배해온 위계질서 없이 생산적인 공존이 가능하리라고는 상상하지 못한다. 만약 출세의 사다리에서 이제 더 이상 올라갈 가능성이 없다면 인정과 성공, 영향력과 권력, 그리고 부를 얻기 위해 끊임없이 노력하는 삶에 어떤 의미가 남을까? 낡은 권력 구조가 결국 해체되고 붕괴된다면 지금까지 자기가 삶을 통틀어 쌓아온 모든 것이 부인될 텐데, 오로지 권력만을 추구해온 자에게 새로운 구조에서도 살아남을 다른 수가 있을까?

우리를 연결하는 것, 공통의 관심사

복잡하고 빨리 변하는 세상에서 위계가 더 이상 일관성을 유지하는 힘이 되지 못한다면 그 질서 구조는 알아서 허물어지기 시작할 것이다. 이는 지금 현재 고도로 발달한 사회 곳곳에서 관찰되는 변화다.

예를 들어, 많은 대기업에서 이미 오래전에 낡은 수직적 조직을 수평화하기 시작했다. 점점 더 많은 책임을 경영진으로부터 평직원에게 이양하고, 전 직원에게 창의력을 발휘할 수 있는 재량을 허가했다. 물론 이 방법이 제대로 효과를 거두려면 그런 재량을 받은 직원이 실제로 스스로 움직이며 새 역할을 창출해내고 그에 따른 책임을 질 의지를 가져야 한다. 의지는 상부의 지시나 명령으로 생기지 않는다. 약속이나 선물로 끌어낼 수도 없다.

위계질서도 마찬가지다. 해체하려면 직원들 스스로 그렇게 하고자 나서야 한다. 이때 경영진의 가장 주요한 임무는 직원들이 자율적이고 책임감 있게 사업의 전 과정을 설계할 수 있도록 참여를 이끌고 격려하고 영감을 주는 것이다. 궁극적으로는 경영진이 설 자리를 잃어야 한다. 이러한 기업에서는 필연적으로 낡은 위계질서가 무너질 수밖에 없다. 그렇게 일관성을 유지하는 힘은 평직원들에게로 넘어간다.

이런 직원들은 회사를 위해 자신이 경험하고 습득한 능력을 발휘할 의지가 있을 뿐만 아니라 의욕도 충만하다. 그런 의지는 어느 날 하늘에서 뚝 떨어지지 않는다. 직원들이 진정으로 회사의 성장과 존속이 중요하다고 생각할 때에만 일어날 수 있는 일이다. 어떻게든 월급만 받으면 된다고 생각하는 직원들에게는 이런 내면의 의지가 싹트지 않는다.

서로 자기주장만 내세울 때도 의욕은 생기지 않는다. 구성원 모두가 중요하게 여기는 공통의 관심사를 찾을 때, 그리고 그것이 타인과의 협력 안에서 실현될 때, 자율적이고 책임감 있게 그 일에 투신할 것이다. 그럴 때는 공통의 목표를 실현하기 위해서 개인의 목표와 계획을 제쳐두는 상황도 종종 생긴다.

이로 미루어봤을 때 우리는 적합성을 상실한 위계질서 구조를 무너뜨리고 일관성을 유지할 새로운 힘을 세우는 데 필요한 전제 조건을 확인할 수 있다. 직원들이 협력할 수 있도록 최적화된 환경을 조성하고, 지시된 업무가 원칙에 맞게 완수될 수 있도록 경영진이 관리만 해서는 안 된다. 구성원 모두가 일할 의욕을 느끼고, 그 내적 욕구를 원동력 삼아 완벽한 협력이 이루어지고 주어진 임무를 완수할 수 있도록 자체적으로 힘을 불어넣어야 한다. 그러면 회사의 일관성을 유지하는 힘은 경영진의 손에서 직원 개개인에게로 이양된다. 이제 직원들은 그 일을 다른 모두와 힘을 합할 때 실현할 수 있는 개인의 관심사로 인식한다. 이제 직원들을 움직이게 하는 것은 경영진의 지시가 아니라 직원들의 공통 관심사다.

낡은 위계질서 구조와 그로 인한 힘의 불균형이 해소되고 공통의 관심사를 추구하는 공동체에서는 서로를 계획과 기대, 과시와 평가의 대상으로 삼던 습성을 버릴 수 있다. 가정에서, 정당과 협회에서, 회사와 기관에서, 그리고 유럽연합이나 유엔 같은 국제기구에서도 이런 일이 일어날 수 있다.

하지만 모든 구성원이 일관성을 이루는 새로운 공통의 관심사를 찾으려면 시간이 좀 걸릴 것이다. 일단은 이 자기 조직화 흐름의 방향을 아는 것만으로도 충분하다. 무언가 저절로 움직이는 방향을 알아차린 사람은 더 이상 그 흐름을 멈추거나 바꾸려고 하지 않는다. 강에서는 물살에 맞서 헤엄치는 것보다는 흐름에 몸을 맡기는 편이 훨씬 더 온전하다.

서로를 주체로 받아들이면

신경생물학자이자 뇌과학자인 나는 뇌 기능과 관련된 모든 것에 흥미가 있다. 뇌와 연결된 신체 각 부분은 물론이고, 우리 인간이 소속된 모든 사회 공동체에도 관심이 있다. 그래서 누군가는 나를 의사나 사회학자라고 여기고, 또 다른 누군가는 내가 충분한 지식이 없으면서도 특수한 분야에 간섭하려 든다고 비판하기도 한다. 사람이 다른 사람을 어떻게 평가의 대상으로 만드는지는 나 역시 그런 식으로 체감할 수 있었다.

다행히 나는 그런 말에 휘둘리는 사람은 아니다. 내게는 인간에게 내재된 잠재력과 재능, 능력을 최대한 발휘하는 데 방해가 되는 것은 무엇인가 하는 질문에 대한 답을 구하는 것이 더 중요했기 때문이다. 뇌과학자들은 이미 1960년대부터 신경세포 및 신경세포의 돌기 생성, 그리고 이들 세포 간 신호 전달 작업이 성인기와 그 이후보다는 뇌 발달이 시작되는 태아기와 유아기 때 훨씬 더 활발하다는 사실을 알고 있었다.

혼자 해결할 수 없는 큰 문제를 안고 있거나, 자기 문제를 해결하는 몫까지 다른 사람에게 빼앗기고 삶의 주도권을 잃어버린 사람들은 자신만의 잠재력을 펼치기 힘들고 유아기에 활성화된 신경세포 간의 상호작용도 불안정하다. 인간의 잠재력 발휘를 막는 가장 큰 방해 요소는 타인으로부터 대상으로 취급받았던 경험이다. 성장기 때부터 이런 문제로 괴로움을 겪은 사람은 이로 인해 내면에 남아 있던 개방성, 관계 형성 능력, 공감 능력, 발견의 기쁨, 창조의 욕구가 모두 사라진 상태가 된다. 그리고 모든 주의력과 생각, 감정과 행동은 그 문제를 일으킨 원인에 대한 해결책을 찾는 데에 집중된다. 어떤 이들은 평생을 이 일에 매달린다. 그러면서 그들의 뇌는 일어날지도 모를 어떤 일에 관한 '걱정 모드'로 바뀐다.

이러한 사실을 나는 몇 년 전에 깨달았다. 그래서 사람들이 잠재력과 재능, 소질을 발휘하기 위해서 필요한 것이 무엇이냐고 물을 때면 이렇게 대답한다.

"서로를 계획과 지시, 평가와 전략의 대상으로 삼는 습성을 버려야 합니다. 대신 서로를 주체로 대하려 애쓰십시오."

내 전작 중 하나인《머리를 좀 더 모아보자Etwas mehr Hirn, bitte》는 이러한 관점을 쉽게 소개한 책으로, 처음에는 아주 절묘한 제목을 지었다고 생각했다. 제목을 통해 나 스스로가 독자들을 선의의 조언을 전달한 대상으로 삼았다는 사실을 미처 깨닫지 못했던 것이다. 게다가 독자들의 반응을 보아 하니 '개인의 주체성 회복'이라는 말로 내가 의미했던 바가 분명하게 전달되지 않은 것이 확인되었다. 심지어 누군가는 책에 등장하는 주체와 대상이라는 단어를 문법에서 말하는 주어와 목적어로 이해하여 술어는 어디에 있느냐고 물어왔다. 의미가 전혀 전달되지 않은 셈이다.

그래서 나는 사람이 타인에게 대상으로 취급되는 데서 벗어나 스스로를 주체로 경험하는 것이 무엇인지 정확하게 알려주기 위해 적합한 개념을 찾기 시작했다. 자신의 주체성을 경험하려면 먼저 자기가 존엄하다고 확실하게 믿어야 한다. 자기의 존엄을 인식한 사람은 자신은 물론이고 타인도 자신의 이익 실현이나 의도를 관철하는 대상으로 삼지 않는다.

하지만 대상이나 주체라는 단어 대신 존엄이라는 단어로 같은 것을 표현하기 시작하면서 나는 다시 한번 의외의 결과와 마주하게 되었다. 많은 사람이 '존엄'이라는 개념을 마치 윤리나 도덕처럼 사회적 가치와 규범의 영역에 속한다고 여기는 것이었다.

사람들은 '인간의 존엄'을 일반적으로 어떻게 이해해야 하는지를 두고 토론하기 시작했다. 그때마다 나는 내가 말하고자 하는 바는 일반적인 의미에서의 존엄이 아니라 각 개인이 자기의 일상적 영역에서 자신의 존엄을 지키는 것에 관한 것이라는 설명을 하느라 진땀을 빼야 했다. 이 접근법 또한 잘 통하지 않았던 셈이다.

이후로는 그냥 자기 자신을 좀 더 사랑으로 대하라고 제안하고 요구하기로 했다. 표현이 다를 뿐 본질은 같다. 누군가 자신을 좀 더 사랑하고 자신에게 해로운 것을 하지 않기로 결심하는 순간, 적어도 그런 노력을 실천하는 중에는 자기 삶에 대한 주권을 회복하기 때문이다. 따라서 자기 자신을 자기 효능감과 자기 주도력을 지닌 주체로 인식할 수 있게 된다. 주체성을 되찾은 사람은 자신은 물론이고 타인도 자기 의도와 목표를 관철시키기 위해 이용하는 대상으로 삼지 않는다. 그것이 결국 자기의 존엄을 지키는 일임을 안다.

앞으로 나를 좀 더 사랑하겠노라, 스스로를 소중히 대하겠노라 결심하는 문제를 두고 끝도 없이 토론을 펼칠 필요는 없다. 그렇게 결정하고 한 번이라도 시도해보거나 말거나 둘 중 하나다. 그 결정은 오로지 당사자의 몫이다. 다른 사람이 어떻게 하는지와는 아무런 상관이 없다. 하지만 일단 자신을 좀 더 사랑으로 대하기 시작한 사람은 누구나 자신이 조금 더 좋아지는 걸 느낄 것이다.

나를 사랑하기 시작한 사람은 자신은 물론이고 세상과 그 세상을 함께 살아가는 사람들도 다른 눈으로 보기 시작한다. 좀 더 애정 어린 시각으로 바라본다. 그리고 이를 경험한 사람은 이후로도 타인과의 공존에 더 깊은 관심과 애정을 쏟으려 노력할 가능성이 아주 높다. 그렇게 점점 이어지다 보면 우리 모두가 삶에서 더 많은 기쁨을 누리면서 더 건강하고 행복하게 살 수 있을 것이다.

10장

다시 건강해질

나와 사회를 위하여

종종 인간 공동체를 동물의 세계에서 관찰되는 집단과 비교할 때가 있다. 새 떼나 메뚜기 떼, 늑대나 버팔로 무리, 특히 벌, 개미, 벌거숭이 두더지 쥐 등의 군집 생활을 하는 유형과 자주 비교된다. 이런 비교를 통해 인간 사회에도 집단 지능이 있고, 대장이나 여왕 등의 서열과 계급이 존재하며, 집단 지능이나 대장을 잃으면 그 사회는 몰락하고 만다는 주장의 생물학적 근거로 삼는다.

언뜻 보면 완벽하게 들어맞는 것 같다. 하지만 인간 공동체를 구성하는 핵심에 도달하기에는 부족하다. 공동체 구성원 모두가 저마다의 능력과 지식으로 기여하는 것, 그리고 신뢰와 존중을 바탕으로 한 유대관계로 연결되는 것이 인간 공동체가 구성되고 공존하게 되는 핵심이다.

이런 '개별화된 공동체'를 형성할 수 있는 것은 영장류만의 특출한 능력이다. 수천 년, 수 세대에 걸친 진화 과정에서 우리 인간은 꾸준히 이러한 능력을 발휘해왔다. 이를 위해 우리에게는 평생에 걸쳐 학습할 수 있는 두뇌가 필요했다. 개별화된 공동체에 모여서 생활하는 방식은 뇌가 그렇게 개발되고 잠재력을 발휘하는 데 가장 유리한 조건이 되었다.

모두가 제 몫을 하는 것도 중요했지만 발전은 함께할 때에만 가능했다. 그런 공동체에서는 한 구성원이 다른 사람들에게도 필요한 새로운 무언가를 발견하면 이 혁신적 발견은 금세 전체로 퍼져나갔다. 그리고 각자의 후손들에게도 계속 전해져 내려갔다. 그렇게 새로운 문화적 성과가 대대손손 이어졌다. 제각각 어떤 것을 창시하되, 그것을 적용하고 전수하는 일은 공동체에 소속된 모두가 함께했다. 문화적 성과를 수평적으로, 그리고 수직적으로 전하는 이 특별한 능력이 없었더라면 우리는 오늘날까지도 나무 열매나 따먹으며 살고 있었을지 모른다.

물론 이러한 개별화된 공동체 안에 있었기에 개인이 다른 구성원을 수단으로 활용하려는, 즉 자신의 주관적 의도와 목표를 실현시킬 대상으로 취급하려는 생각도 떠올릴 수 있었을 것이다. 한 사람이 그 발상으로 성공을 거두면 다른 사람도 작정하고 그 방법을 따라 실행했다. 그렇게 사랑 없음 또한 발전했고, 문화적 성과의 하나로 공동체 전반에 확산되었다.

시간이 지나 어린이와 청소년에게도 사랑 없음이 전수되어 그들이 최선을 다해 타인을 사랑 없이 대하도록, 점점 자기 자신도 사랑하지 않게 되도록 이끌었다. 이렇게 사회에 사랑 없음이 확산되다 보니 그것을 유발한 장본인은 물론 피해자의 머릿속에도 불균형이 발생하고 그 상태가 영구적으로 지속된다. 그 불균형이 신체 증상을 담당하는 영역까지 침범한 이후에 몸이 얼마나 오래 버틸지는 그저 시간에 달렸다.

하지만 경쟁과 성과 압박이 난무하는 성공지상주의 사회일지라도 저마다 언제라도 지극히 개인적 차원에서 자신을 좀 더 사랑해보리라 결심할 수는 있다. 그렇다면 분명 다른 이들도 따라서 시도해보고 그것이 자신에게 유익함을, 그로 인해 자신과 더 깊은 관계를 맺을 수 있음을, 다시금 창의력 있는 주체로 자신을 경험할 수 있음을, 더 존엄하고 진실된 모습으로 살아갈 수 있음을, 그래서 더 행복해지고 덜 아플 수 있음을 깨닫게 될 것이다. 이처럼 자신과 타인을 대하는 혁신적 '문화적 성과'가 사회 전반으로 확산되는 일은 생각보다 쉽게 일어날 수 있다.

심신이 건강하다는 것은

당신 주변을 둘러보라. 혹시 자신과 자기 삶에 만족하는 것처럼 보이고, 자신과 타인을 사랑으로 대하며, 매우 개방적이고 다가가기 쉬우면서도 자상하고 협조적이며, 유달리 병에 잘 걸리지 않는 사람이 있는가?

나는 그런 사람을 세 명 알고 있다. 그리고 놀랍게도 그 셋 모두 현재 우리가 '장애인'이라 일컫는 사람들이다. 한 명은 하반신이 마비되었고, 또 다른 한 명은 태어날 때부터 팔이 없었다. 마지막 한 명은 다운증후군을 가지고 태어났다. 남들이 보기엔 하나같이 힘겨운 인생들이다. 평균적 기준에 부합하는 상태를 정상이라고 한다면, 이들 모두 정상은 아니다.

이들은 다른 사람의 인정을 받기 위해 남들보다 더 잘하려고 애쓰는 일반인의 삶을 아예 모르고 살아간다. 대신 이들은 남들로부터 평가와 동정의 대상이 될 때가 많다. 혼자서도 할 수 있는 일을 남들이 도와주겠다고 나서는 상황도 심심치 않게 많다. 심지어 예전에는 '불구자'로도 칭해지고, 바보 취급을 당하기도 했다.

이처럼 남들과 다른 특수한 상황에 처한 사람들은 그

모든 것을 견딜힘을 어디서 얻었을까? 이들의 뛰어난 회복 탄력성Resilience은 어디에서 왔을까? 어쩌면 당신은 이미 그 답을 알고 있을지도 모르겠다.

이들은 '정상적인' 사람들의 기대에 부응하겠다는 생각으로 살지 않는다. 이들은 다른 사람과 경쟁할 필요를 느끼지 않는다. 남들처럼 되기 위해 다른 사람들이 옳다고 판단하는 것에 맞추려고 노력하지도 않는다. 자기 모습을 바꾸려고 억지로 몸을 비틀지도 않는다. 이들이 있는 그대로의 자신을 받아들이고 자신의 연약한 몸을 사랑할 수 있는 이유가 여기에 있을 것이다.

물론 몸이 불편한 사람들 모두가 이럴 수 있는 것은 아니다. 자신의 운명을 비관하고, 불편한 몸을 짐짝처럼 여기고, 자신은 물론이고 타인도 사랑 없이 대하는 장애인도 분명 있다. 그럴 땐 그들에게도 우리 '정상인'과 똑같은 상황이 벌어진다. 진정한 행복을 느끼지 못하고, 신체적으로도 점점 더 많은 문제를 겪으며, 특히 더 자주 병에 걸린다.

삶은 상태가 아니라 과정이다

병에 걸린 사람은 누구나 가능한 한 빨리 낫고 싶어 한다. 하지만 어떤 사람은 병에 걸린 상태에서 좋은 점을 발견하기도 한다. 이를테면, 아플 때마다 누군가 보호해주고 보살펴주고 간호해주는 것에서 만족을 느낀다. 특히 친밀감과 보호받는 것에 대한 기본 욕구가 충분히 충족되지 못한 사람들, 자신의 문제거리나 많은 업무, 자식이나 병든 부모 때문에 혼자 보내는 시간이 많았거나 홀로 남겨질 것을 걱정하는 사람일수록 이런 장점에 예민하게 반응한다. 평소에는 그 누구도 그들을 돌봐주고 지켜주지 않았기 때문이다.

모든 것이 그들의 바람과 어긋났다. 그들의 예상과 소망은 모두 빗나갔다. 때문에 그들의 뇌는 지속적인 실조 상태에 사로잡혔고, 그들은 걸릴 수 있는 모든 병에 걸릴 준비가 되었다. 그런데 그들이 병들자 부모와 배우자, 친구, 의사와 간호사가 나서서 돌보기 시작했다. 실조 상태에 빠졌던 그들의 뇌는 다시금 안정을 되찾는다.

그들은 병을 유지해야 좀 더 나은 삶을 영위할 수 있다. 아마 의도적으로 병에 걸리는 사람은 없겠지만, 병든 상태가 어떤 면에서는 자신에게 유익하다는 것을 느낀 사람들에게는 저절로 그런 상황이 벌어질 때가 종종 있다.

하지만 이처럼 병든 상태로 도피하는 것은 결코 생산적인 해결책이 될 수 없다. 삶은 상태가 아니라 과정이기 때문이다. 그래서 우리는 삶을 묶어놓을 수도 세워놓을 수도 없다. 우리가 살아 있는 한 삶은 계속 흐르고 눈 깜짝할 사이에 바뀐다. 물론 살아가는 와중에 우리는 병들 수 있다. 하지만 그 병듦조차도 정지된 상태는 아니다. 그 또한 삶의 일부이며 살아가는 과정에 속한다.

이러한 것과 똑같은 원칙이 우리의 건강에도 적용된다. 건강하다는 것 역시 끊임없이 새로이 조직되어가는 과정이다. 나는 매일 조금씩 아플 수도 있고 다시금 건강해질 수도 있다. 하지만 내일의 상태가 오늘과 똑같을 수는 없다.

내일의 상태가 오늘과 같아지는 것은 내 안에 살아 있는 모든 것들이 더 이상 살아 있기를 멈출 때에만 가능하다. 삶이 정지하는 순간 건강함이든 병듦이든 의미가 없다. 더 이상 변하지 않는, 그래서 분명하게 정의될 수 있는, 객관적인 기준으로 측정 가능한 상태가 된다.

그러므로 병이 든다는 것은 유기체 전체에 불균형이 퍼져나가면서 생기는 어떤 과정을 겪는다는 뜻이다. 불균형이 생기면 유기체의 기능과 구조를 유지하는 데 에너지가 점점 더 많이 쓰인다. 남아 있는 에너지가 소진되고, 더 이상 그 유기체의 완전함을 유지할 힘이 없어질 때까지 계속 소모된다. 하지만 이 과정이 진행되는 중에도 불균형의 확산세를 잠재우고 일관성을 돌이킬 가능성은 항상 열려 있다. 그 기회를 붙잡는 데 성공한 사람은 다시 건강해질 것이다.

사랑하는 데 너무 늦은 때란 없다

우리 뇌 깊은 곳에 자리해 몸 안에서 일어나는 일을 조절하는 뇌세포 신경망은 원래 몸 전체 혹은 각 신체 기관에서 일어난 불균형을 다시금 안정된 상태로 전환시키는 능력이 매우 뛰어나다. 신경망은 유기체 전체에 포괄적으로 영향을 미치는 조절계를 통제하여 일관성을 회복시킨다. 자율신경계, 내분비계, 심혈관계, 면역계 등이 그러한 조절계에 속한다. 뇌는 전기적 흥분을 일으키거나 특정 전달 물질을 분비해서 몸에서 일어나는 모든 일들이 최대한 서로 조화를 이루도록, 그리고 그 과정에서 발생한 이상이

해소되도록 각각의 활동을 조절한다.

사는 내내 이 과정이 성공적으로 진행되려면 몸 어느 곳에 불균형이 발생했을 때 뇌가 곧장 그것을 알아차릴 수 있어야 한다. 하지만 어떤 사람들, 특히 어렸을 때부터 인정과 성공을 얻느라 발버둥 쳤던 사람들은 자기 몸에서 뇌로 보내는 신호를 무시하는 데 놀라우리만큼 능숙하다. 심지어 몸에 어떤 이상한 증상이 생긴 것조차 느낄 수 없을 정도다. 때문에 언젠가는 병들고 만다.

하지만 스스로 자기 뇌를 '둔하게' 만든 사람도 언제든 다시 몸에서 뇌로 보내는 신호를 알아채는 방법을 배울 수 있다. 그 일을 담당하는 신경세포망이 여전히 살아 있기 때문이다. 지금부터라도 그 신호를 인지하겠다고 마음먹기만 하면 된다. 자신을 좀 더 소중히 여기고 사랑하겠다고 결심하면 된다. 그러면 다시 자기 몸이 하고자 애쓰는 말에 좀 더 면밀히 귀를 기울이게 될 것이다.

혹여 뇌가 아니라 몸이, 즉 각 기관의 세포들이 둔화되어 뇌에서 전달하는 제어 신호를 받아들이지 못한다면 상황은 좀 더 어렵다. 신체의 다양한 세포들도 자체적으로, 그리고 다른 세포들과의 신호 전달 과정에서 가능한 모든 것이 조화를 이루도록 안배해야만 한다. 신체세포들도 실조 상태를 오래 견디지 못한다.

신체세포에도 어떤 이상 상태로 인해 깨어져버린 일관성을 회복하기 위한 반응 패턴이 광범위하게 존재한다. 대부분의 경우는 세포핵에 저장된 특정 유전자의 염기 서열에 변화를 주어 분자생물학자들이 '유전자 발현'이라고 부르는 것을 행한다. 이상이 생겼다는 것은 이들 세포에 특정한 대사 생성물이 축적된 것과 관련이 있다. 일부는 신호 물질로 세포핵에 분사되어 특정 DNA 염기 서열을 더 많이 혹은 더 적게 복제하거나, 제거 또는 활성화하는 데 기여한다. 세포들은 이 핵산 염기 서열에서 특정 임무를 수행하는 데 쓰이는 단백질을 생성한다.

이렇게 세포들은 어떤 문제가 생기면 게놈(한 생물이 가지는 모든 유전 정보)이 지시한 해결책에 따라 반응한다. 그러면 해당 세포들은 알아서 수정된다. 이제 세포들은 전보다 나아질 수도 있고 나빠질 수도 있다. 어쩌면 전에는 할 수 없었던 일을 해낼 수도 있다. 혹은 하던 일을 더 이상 할 수 없게 되기도 한다.

유전자 발현으로 인한 기능 변화는 주변 세포에도 영향을 미친다. 주변 세포들도 이 새로운 환경에 알맞은 해결책을 각각의 유전자에서 찾아야 하고, 그러면 이전과는 다른 방식으로 작동해야만 한다. 이러한 세포 기능의 구조 변화와 재형성 과정은 간이나 심근, 전립선이나 갑상선, 대장 벽이나 고관절 등의 전 신체 기관이 변형되도록 하는 데 이른다. 그 결과, 해당 기관은 기존의 기능을 더 이상 수행하지 못하고 뇌에서 직간접적으로 전달되는 신호에도 예전처럼 반응하지 못한다.

이러한 상태가 위험한 이유는, 지속적으로 진행된 신체 기능의 심각한 장애와 그로 인한 신체 기관 구조의 변화는 대부분 원상 복구가 안 되기 때문이다. 그렇게 되면 사람은 지방간이나 비대한 심장, 혹은 휘어진 척추를 가지게 된다. 몸 전체와 신체 증상을 담당하는 뇌 영역은 이제 개별 기관의 구조와 기능상 변화에도 불구하고 안정적 상태를 회복할 수 있는 방법을 배워야 한다. 그 배움이 효과를 거두려면 이상이 생긴 사람일수록 이전보다 나를 훨씬 더 사랑해야 한다. 기관의 변화가 저절로 일어나는 경우는 드물기 때문이다.

대부분의 병은 건강하지 않고 사랑 없는 생활 방식이 오랜 시간 동안 겹겹이 쌓인 결과로 일어난다. 확실한 것은, 이미 몸에 돌이킬 수 없는 변화가 일어났다고 하더라도 자신의 운명을 걸고 계속 고군분투하는 것보다는 좀 더 사랑을 쏟는 생활 방식으로 전환하는 쪽이 행복과 치유에 한결 유익한 결과를 가져온다는 점이다.

이 책을 읽는 사람이라면 일단 한번 시도해보기를 바란다. 지금까지 당신이 얼마나 건강하게 살았는지, 얼마나 아프게 살았는지는 상관없다. 자신을 좀 더 사랑하기에 너무 늦은 때란 없다.

내 안의 생명력을 발휘하라

자 그럼, 마음이여, 잘 지내고 건강하여라!

내가 좋아하는 헤르만 헤세의 시 〈단계〉는 이렇게 끝이 난다. 헤세는 여든을 목전에 둔 1941년 봄, 오랜 투병 끝에 이 시를 썼다. 시에서 그는 삶을 자신의 가능성을 실현할 수 있는 새로운 공간이 계속 열리는 과정으로 묘사했다. 시인이 원래 생각했던 제목은 '초월하라Transzendieren!'였다고 한다. 하지만 많은 사람들이 이 요구를 부담스럽게 여길까 우려했던 게 분명하다. 결국 그가 붙인 제목은 '단계Stufen'다.

헤르만 헤세는 사람에게 새로운 발전의 공간이 열리기 위한 결정적 전제 조건을 마지막 문장에 함축해 담았다.

새로운 시작을 원하는 사람은 그때까지 온 마음을 다해 지지했던 구상을 포기해야 한다. 지금까지 그 구상이 자기 삶 전체를 규정할 정도로 중요했다 할지라도 내려놓아야 한다.

헤세 이전에 프리드리히 니체도 《방랑자와 그의 그림자 Der Wanderer und sein Schatten》에서 비슷한 표현을 한 적이 있다.

> 미약하게나마 이성의 자유에 이른 사람은 지상에서 스스로를 방랑자로 느낄 수밖에 없다. 비록 하나의 최종 목표를 향해 여행하는 사람이 아니라 할지라도. 왜냐하면 이와 같은 목표는 존재하지 않기 때문이다. 그렇지만 아마도 그는 세상에서 무슨 일이 일어나는지 눈을 크게 뜨고 관찰하려 할 것이다. 따라서 세세한 모든 것에 너무 강하게 집착해서는 안 된다. 그 자신 속에 분명 변화와 허무에서 기쁨을 얻는 방랑하는 무언가가 존재할 것이다.

하지만 행복하고 건강한 삶을 위해 무엇이 중요한가에 관한 우리의 구상이 카를 마르크스의 표현대로 '사람의 심장을 찢지 않고선 헤어 나올 수 없는 사슬'이 되는 것을 어떻게 막을 수 있단 말인가? 하물며 마르크스가 무슨 뜻으로 그런 말을 했는지 이해하는 사람에게는 더더욱 어려운 일이다.

우리는 삶의 여정에서 경험한 것들 위에 일정한 구상을 세운다. 그 구상이 없었다면 우리가 어떻게 이 세상에서 제대로 된 길을 찾겠는가? 그 구상이 없었다면 우리는 삶을 의지대로 꾸리기는커녕 아무런 결정도 내리지 못하고 방향을 잃고 헤매기만 할 것이다.

그런데 우리가 어떤 구상을 추구해서 성공을 거두는 순간, 우리는 점점 더 강하게 그 구상에 구속된다. 그렇게 그 구상은 자기 이해의 일부가, 인간관과 세계관을 구성할 때 빠뜨릴 수 없는 요소가 된다.

우리는 흔히 각자의 구상을 자신과 떨어뜨릴 수 없는 일부처럼 생각한다. 그래서 그 구상을 공유하지 않는 누군가가 와서 비판적으로 캐묻고 그것이 틀렸다거나 착각일 수 있다고 지적하면 그것을 자기 자신에 대한, 자기 정체성에 대한 공격으로 받아들인다. 그리고 마치 그 사람이 우리의 신체 일부를 잘라내려는 것처럼 느끼고 할 수 있는 모든 수단을 동원하여 자신을 방어한다.

우리가 밀접하게 연결되어 있다고 느끼는 무언가를 잃

어버릴 것 같은 예감에 두려워할 때마다 심장 박동을 조절하는 교감신경과 부교감신경 사이에 이상이 발생한다. 균형이 깨지는 것이다. 그래서 우리는 지금까지 우리의 생각과 감정, 행동을 결정했던 구상과 이별해야만 할 때 '심장이 찢어지는' 기분을 느끼는 것이다. 누구도 우리에게 그것과의 이별을 강요할 수는 없다. 우리 스스로 원할 때에만 할 수 있는 일이다. 우리에게는 더 이상 불필요해진, 그래서 오히려 우리의 가능성을 차단하는 구상을 포기하고자 하는 욕구가 있어야 한다.

하지만 살면서 다른 사람보다 더 성공하고 더 많은 권력을 쥐고 더 큰 부자가 되어 자신의 뜻을 관철시키고 다른 이에게 인정받는 것이 자연의 법칙이라고 일단 굳게 받아들인 사람이라면 그 구상을 끊어내기가 어려울 것이다. 그런 사람은 조만간 병들 것이라는 걸 알면서도 계속 자신에게 사랑을 주지 않는다. 그런 사람은 "자 그럼, 마음이여 잘 지내고 건강하여라!"고 하는 조언을 따르려는 엄두도 내지 못한다. 아마 무슨 뜻인지 이해조차 못할 수도 있다.

다행히 인간의 뇌는 삶의 어느 시점에서든 반전을 꾀할 수 있다. 아주 오랫동안 추구해왔고 매우 성공적으로 구현해왔던 구상이 있다고 할지라도 우리에게는 그보다 더 강한 무언가를 창조해낼 능력이 내재되어 있다. 로봇이나 자동 기계와는 달리 우리 인간은 내면 깊은 곳에 살아 있는 욕구를 가지고 있다. 충족되지 않으면 욕구는 깨어난다. 그리고 우리에게 그것을 충족시킬 방법을 고민하고 그 생각을 발전시킬 것을 요구한다.

이렇게 찾아낸 생각이 장기적으로 적당한 방법이 아닐 경우에는 다시금 욕구가 깨어난다. 우리가 특정한 생각을 스스로에게 주입하기 위해 살아 있는 욕구를 억누르는 법을 배웠다 하더라도, 그 욕구가 억압을 위해 형성된 신경 세포 회로 때문에 더 이상 감지되지 않는 것뿐이지 제거된 것은 아니다. 따라서 인생의 어느 시점에서든 그 욕구는 다시금 깨어날 수도 있고 더 강해질 수도 있다.

욕구가 강해지면 그 주인은 그것으로 인해 생긴 불균형을 해결할 방도를 찾을 수밖에 없다. 그렇게 그는 계속 새로운 구상에 자기를 맞춘다. 언젠가 그런 구상을 채택하려면 자신의 또 다른 살아 있는 욕구를 억압하는 것이 불가피하다는 깨달음에 이를 때까지. 아마 그 순간 우리에게 새로운 관점이 열리고, 우리 인간이 살아 있는 욕구를 충족시킬 수 있는 방법은 그걸 따르는 것밖에 없다는 사실을 이해하게 될 것이다. 뿐만 아니라 우리의 욕구는 우리만의 고유한 생명력이 키워낸 메시지라는 것을, 그래서 우리는 우리 안의 생명력을 지키고 자신과 타인 그리고 모든 생명체를 대하는 방식으로 그 메시지를 표현해내야 한다는 것을 이해하게 될 것이다.

이를 위해 구상은 필요하지 않다. 우리에게 필요한 것은 그냥 그 일을 하는 것이다. 그저 우리 자신을 좀 더 사랑하면 된다.

하지만 현대에 사는 대부분의 사람이 이를 힘들어 한다. 그들의 머릿속엔 이 세상 모든 문제는 이성으로 해결된다는 구상이 너무 깊이 각인되어 있다. 이미 300년 전부터 승승장구해온 계몽시대의 신념이다.

인간의 냉철한 이성만을 투입하여 일궈낸 이 시대의 과학적 성과는 우리 삶에 결정적이고 인상적인 영향을 미쳤다. 따라서 우리가 자기 이해의 중심에 인간의 지적 능력을 놓고자 하는 유혹을 느끼는 것도 무리는 아니다. 하지만 이제 와 점점 커지는 세상의 문제들을 볼 때, 우리는 이성의 도움으로 많은 문제를 해결할 수 있었을 뿐만 아니라 이전에 존재하지 않았던 많은 문제를 양산해낼 수도 있었다는 사실 또한 알 수 있다.

우리는 지적 능력을 사용함으로써 살아 있는 모든 것과

점점 더 끈끈하게 연결되는 대신 점점 더 확실하게 분리되었다. 그러는 새에 우리는 달에도 갔고, 조만간에는 화성에도 갈 것이다. 하지만 동시에 우리는 매일 상상할 수도 없이 많은 사람이 굶어죽는 것과 점점 더 많은 종들이 멸종되는 것을 지켜보고 있다. 전쟁의 음모가 싹트고, 원시림과 아름다운 경관이 파괴되는 것을 속절없이 방관하고 있다. 모두 우리 인간의 지적 능력이 유발한 생명을 위협하는 발전들이다. 날카로운 이성으로 세상 모든 문제를 풀수 있다는 구상이 우리를 궁지로 몰아넣은 것이다.

이성 덕분에 우리는 무엇을 어떻게 해야 원하는 결과를 얻을 수 있을지에 관한 구상을 발전시킬 수 있었다. 하지만 살아 있는 욕구를 충족시키는 문제에 대해서는 철저하게 실패했다. 이성은 삶에서 무엇이 중요한지 알지 못하고, 그래서 우리에게 아무런 답도 줄 수 없다. 이성은 우리 인간의 진실한 욕구에 관해서는 아는 바가 없다. 오히려 반대로 살아 있는 욕구를 억누르기 위해 우리는 이성을 활용하곤 했다. 그리고 이제 우리가 병들든 말든 이성은 개의치 않는다.

우리는 기존의 구상 대신 우리 자신의 생명력과 연결되어야만 한다. 발견의 기쁨과 창조의 즐거움, 오감과 몸의 느낌, 타인과의 공존 속에서 충족되는 친밀감과 소속감에 연결되어야만 한다. 그러면 우리는 세상에 태어날 때 가지고 나왔고, 적어도 어린 시절에는 어느 정도 체험했던 생명력을 결국 되찾게 될 것이다.

그때 우리는 당연하게 보였던 그 생명력을 얼마나 빨리, 얼마나 오랫동안 잃어버릴 수 있는지를 알지 못했다. 우리가 부모와 교사 혹은 지향점으로 삼은 다른 사람들의 생각을 좇는 동안에 생긴 일이다. 그러는 동안 우리가 자신의 살아 있는 욕구를 억누르도록 강요받는다는 사실도 알아채지 못했다.

그렇게 우리는 사랑 없이 스스로를 대하는 법을 배웠다. 그것이 우리를 불행하게 할 뿐만 아니라 언젠가는 병들게 한다는 것조차 알지 못한 채.

하지만 이제 우리는 그때 그 아이가 아니다. 성인이 된 우리는 살면서 쌓은 수많은 경험을 바탕으로 마침내 스스로 결정할 수 있게 되었다. 앞으로도 계속 기존의 구상을 따라서 스스로를 사랑 없이 대할 것인가, 아니면 이제부터는 자신을 좀 더 사랑으로 돌볼 것인가.

아직까지 무엇을 따라야 할지 결정하기 망설여지는가? 그런 사람들을 위해 한 편의 시를 준비했다. 앞서 말한 헤르만 헤세의 시다. 이걸로 대신 글을 맺는다.

단계

– 헤르만 헤세

모든 꽃 시들고

모든 젊음 세월에 밀려나듯

삶의 모든 단계, 모든 지혜, 모든 미덕도

한때는 만발하되 영원히 지속될 수는 없다.

삶의 단계마다 마음은 이별하고 새로이 출발할 채비

를 갖춰야만 한다.

슬픔 없이, 담대하게, 새로운 얽매임에 몸을 던질 채

비를.

모든 시작에는 마법이 깃들어 있나니

그것이 우리를 지켜주고 살아가도록 돕는다.

우리는 그 단계 사이의 공간을 유쾌하게 가로질러야

하리.

그 어떤 공간도 고향인 양 집착하지 말고.

시대정신은 우리를 묶거나 옥죄려 들지 않는다.

우리를 한 단계, 한 단계 들어 올리고 넓히려 할 뿐.
삶의 순환 속에서 우리는 눌려 사는 법이 없으니
아늑하게 적응하면 금세 해이함이 치고 들어온다.
자리를 박차고 떠날 준비가 된 자만이
마비된 채 자리를 지키는 익숙함에서 벗어날 수 있다.

어쩌면 임종의 순간에도
새로운 공간을 향해 유쾌히 뛰어갈 수 있으리라.
우리를 향한 인생의 부름은 영영 그치지 않을 테니.
자 그럼, 마음이여 잘 지내고 건강하여라!

사랑하지 않으면 아프다
Lieblosigkeit macht krank

옮긴이 이지윤

한국외국어대학교 영어과를 졸업하고 〈프레시안〉에서 정치 기사를 썼다. 독일 풀다대학교에서 '다문화 소통'을 공부했다. 난해한 개념에 그물을 던져 이해 가능한 단어를 건져낸 순간을 사랑한다. 현재 출판 번역 에이전시 베네트랜스에서 '문화 간 소통'을 번역으로 중개하고 있다. 옮긴 책으로 《죽음이 삶에 스며들 때》《우리의 밤은 너무 밝다》《게임오버》《확신은 어떻게 삶을 움직이는가》《형제자매는 한 팀》《매너의 문화사》《지적인 낙관주의자》《마틸다의 비밀 편지》《만만한 철학》 등이 있다.

사랑하지 않으면 아프다

뇌가 사랑 없는 행위를 인식할 때 우리에게 생기는 일들

초판 1쇄 2021년 12월 20일

지은이   게랄트 휘터
옮긴이   이지윤
펴낸이   서정희
펴낸곳   매경출판㈜
책임편집 김혜연
마케팅   강윤현 이진희 장하라
디자인   책만드는사람 김신아

매경출판㈜
등록 2003년 4월 24일(No. 2-3759)
주소 (04557) 서울시 중구 충무로 2(필동1가) 매일경제 별관 2층 매경출판㈜
홈페이지 www.mkbook.co.kr
전화 02)2000-2630(기획편집) 02)2000-2636(마케팅) 02)2000-2606(구입 문의)
팩스 02)2000-2609 **이메일** publish@mk.co.kr
인쇄 · 제본 ㈜M-print 031)8071-0961
ISBN 979-11-6484-361-9(03100)